Marco Aurélio Lima

MERCADO DE VIZINHANÇA

CAPITAL HUMANO

Volume 2
2024

Copyright ©2024 by Poligrafia Editora
Todos os direitos reservados. Este livro não pode ser reproduzido sem autorização.

MERCADO DO VIZINHANÇA
Capital Humano
ISBN 978-85-67962-30-6

Autor: **Marco Aurélio Lima**
Coordenação Editorial: **Marlucy Lukianocenko**
Organização de Conteúdo: **Denise Turco**
Projeto Gráfico e Diagramação: **Cida Rocha**
Revisão: **Fátima Caroline P. de A. Ribeiro**
Foto Autor: **Felipe Pick Costa**

```
Dados Internacionais de Catalogação na Publicação (CIP)
        (Câmara Brasileira do Livro, SP, Brasil)

Lima, Marco Aurélio
    Mercado de vizinhança : capital humano : volume
2 / Marco Aurélio Lima ; organização Denise Turco. --
Cotia, SP : Poligrafia Editora, 2024. -- (Mercado de
vizinhança)

    Bibliografia.
    ISBN 978-85-67962-30-6

    1. Empreendedorismo 2. Gestão de negócios
3. Supermercados 4. Varejo - Empresas - Administração
I. Turco, Denise. II. Título. III. Série.

24-202848                                    CDD-658.87
```

Índices para catálogo sistemático:

1. Lojas de varejo : Administração mercadológica
   658.87

Eliane de Freitas Leite - Bibliotecária - CRB 8/8415

Poligrafia Editora
www.poligrafiaeditora.com.br
E-mail: poligrafia@poligrafiaeditora.com.br
Rua Maceió, 43 - Cotia - São Paulo
Fone: 11 4243-1431 / 11 99159-2673

A editora não se responsabiliza pelo conteúdo da obra, formulada exclusivamente pelo autor.
Em alguns trechos o autor utilizou recursos de Inteligência Artificial e os mesmos
são identificados no decorrer do texto.

"Não esqueças que, na terra, tudo o que é grande começou por ser pequeno. O que nasce grande é monstruoso e morre".

(Caminho, Ponto 821,
São Josemaría Escrivá)

No primeiro volume desta coleção, fiz uma dedicatória pensando na família, lugar onde conseguimos tocar um verdadeiro paraíso terrestre.

Porém, neste momento, minha mente se volta para algo maior, o paraíso eterno, isto é, o encontro definitivo com Deus. Mas sabemos que, para encurtar e facilitar o caminho, nada melhor do que dedicar este trabalho à Sua Mãe, que, no Brasil, muitos chamam carinhosamente de Nossa Senhora Aparecida.

No Seu Santuário, passei várias vezes e, sob a proteção de Seu manto, coloquei muitas intenções e desejos. Nada melhor do que retribuir agora uma pequena parte de tudo o que pedi e fiz, oferecendo-Lhe este livro. Assim seja!

Um livro focado no ser humano precisa ter como fonte de agradecimento o próprio ser humano.

Neste caso, todas as pessoas que contribuíram para que este livro ganhasse forma: os funcionários da GfK e do Shopping Brasil, que me apoiaram significativamente para que esta empreitada se realizasse, a Associação Paulista de Supermercados (Apas), a Associação Brasileira de Supermercados (Abras) e a Associação Brasileira de Atacadistas e Distribuidores de Produtos Industrializados (Abad), que formam grandes fontes de conhecimento.

Fico muito agradecido pelo trabalho realizado pela Editora Poligrafia e seu time, que puderam me direcionar nesta caminhada para a publicação final.

E não posso deixar de expressar meus agradecimentos a todos os varejistas do Mercado de Vizinhança, que lutam diariamente pelo crescimento de seus negócios e para se tornarem melhores seres humanos. Parabéns!

PREFÁCIO

A iniciativa do Marco Aurélio, ao escrever este conjunto de livros dirigidos ao pequeno varejo, cobre uma lacuna que existia na literatura voltada para um importante segmento de nossa economia: os Mercados de Vizinhança.

Se, de um lado, as pequenas empresas são responsáveis por um número expressivo de empregos, por outro, a mortalidade dessas empresas faz com que várias não consigam chegar ao final do segundo ano de existência.

Portanto, esta coleção tem por objetivo inspirar pequenos empresários a se preocupar em atuar com técnicas adequadas, que garantam sua sobrevivência no tempo, como expressivos prestadores de serviços nas comunidades onde atuam.

Trata-se, assim, da difusão de um conjunto de técnicas e ações destinadas a garantir a perenidade das pequenas empresas do varejo alimentício, tendo em vista os empregos que geram e os serviços que prestam aos consumidores através de uma oferta diversificada.

Como ficou claro no primeiro livro desta coleção, os pequenos varejos alimentícios estão cobrindo lacunas que existem quando os consumidores querem fazer compras de conveniência.

Ninguém vai a um grande supermercado para comprar apenas um ou dois itens faltantes na sua cozinha, a menos que seja vizinho desse supermercado.

Para atrair os clientes que compram por conveniência, os pequenos varejistas precisam atentar para alguns aspectos importantes da sua operação.

O primeiro deles é o atendimento. A esta altura, alguém deve estar pensando: "atendimento em lojas de autosserviço?"

Justamente porque o cliente se serve (ou deveria) se servir por si só, o bom atendimento se dá com a arrumação da loja, a exposição dos produtos e a prontidão dos funcionários, quando alguém percebe que o cliente está com dificuldades para se servir ou para achar o produto que estava procurando.

Os funcionários precisam ser treinados e emulados para prestar atenção na maneira como os clientes estão se locomovendo na loja e quais as dificuldades eventuais que estão tendo. Cliente bem atendido volta.

Há algum tempo, conheci três rapazes que tinham resolvido abrir três mercados de vizinhança. Cada um deles cuidava de uma loja. O fato relevante nessas lojas é que a mesa de trabalho de cada um dos sócios ficava exatamente na saída dos consumidores. Era lá que eles atendiam vendedores e clientes. Dessa forma, cada um conhecia os fregueses frequentes da loja (sem nenhum programa especial de fidelização) que tinham a oportunidade de dar *feedbacks* como: "não encontrei o produto x ou "gostei da nova arrumação da área de frios e laticínios".

É dispensável dizer que essa pequena rede de três lojas de vizinhança está viva até hoje. Eles conseguiram a perenidade que muitos varejistas de pequeno porte estão buscando.

De outro lado, conheci uma rede de lojas populares localizada em uma cidade do Nordeste cujo objetivo era vender produtos com o chamado "primeiro preço" ou preços muito baixos, comparados com os seus concorrentes nacionais. Por ter como conceito básico preços abaixo dos concorrentes, os produtos tinham qualidade correspondente. A apresentação e os equipamentos do estabelecimento seguiam o mesmo conceito de popularidade. Era uma loja para pessoas de baixa renda, onde elas se sentiam piores do que já acontecia em seu dia a dia. Essa pequena rede viveu o tempo necessário para que os clientes fossem se afastando dela. Sua "perenidade" durou menos de dois anos.

Até aqui, tratamos da perenidade do empreendimento tomando por base as características da loja e de seus funcionários. Resta um ponto que precisa ser observado acima dos anteriores: o dono e sua família.

Muitos varejistas de pequeno porte começaram a vida como vendedores de empresas de alimentos ou higiene e limpeza. Outros decidiram ser comerciantes a partir de uma pequena padaria, restaurante, açougue. O empreendimento vai crescendo, dentro das limitações possíveis, e acaba chegando o momento de dar um "salto" para algo mais atrativo: uma pequena loja de vizinhança.

O primeiro passo sempre é apelar para a família (a esposa, o filho, o primo, o cunhado etc.).

Se o empreendimento cresce, fica o desafio de profissionalizar a administração do negócio. E aí, tem um conjunto de parentes que ajudam no crescimento e se sentem partícipes dos "bônus", sem atentar para os "ônus". Só que o empreendedor fica sozinho, ainda que rodeado de familiares "participantes".

Esse é momento em que o pêndulo vai apontar para a profissionalização, fundamental para a perenidade ou para a "entropia", fatores que definem, a priori, se o empreendimento vai para a frente, será vendido ou fechado.

No livro, um estudo da GfK (feito antes da fusão com a NIQ) mostrou que apenas 1/3 dos varejistas de pequeno porte avançam para a profissionalização. Porém, há um 1/3 que consegue repassar o negócio para alguém da família que se mostrou capaz de continuar o empreendimento com lucratividade, enquanto o último terço desaparece do mercado.

Resumindo, o sucesso dos mercados de vizinhança depende da maneira como o fundador visualiza o seu papel na pequena comunidade onde está inserido.

A apresentação da loja, o sortimento adequado, o atendimento personalizado, o conjunto de funcionários e familiares e a visão de futuro do fundador definirão se esse empreendimento estará vivo, de forma lucrativa ou não, dentro de cinco anos.

Estima-se que, no Brasil, existam cerca de 300 mil lojas com o perfil de mercados de vizinhança, incluindo as de Microempreendedor Individual (MEI).

Resta saber onde está localizado o 1/3 do estudo da GfK, que já se profissionalizou. Tomara que você, que se dispôs a ler esta coleção, seja um deles.

A coleção de livros do Marco Aurélio vai ajudar muito aqueles que estão no "segundo terço" a chegar logo ao terceiro.

Sucesso a todos.

Nelson Barrizzelli

Professor na Universidade de São
Paulo (USP) Project Manager na
Fundação Instituto de Administração
(FIA) Consultor na Associação Brasileira
de Atacadistas e Distribuidores (Abad)

Introdução   **17**

Capítulo 1
Pilares fundamentais do gestor   **23**
- Prudência: a virtude mãe de todas as nossas ações
- Como viver de forma prática a virtude da prudência?
- Explorando o espírito de serviço no varejo
- Inconformismo Próprio (IP)

Capítulo 2
Decifrando seu perfil como gestor da loja   **41**
- "Zé, lápis na orelha"
- "Ana, a generosa"
- "João, do meu jeito"
- "Tom, bom gestor"
- A ciência a favor do varejo

Capítulo 3
Melhorando minha performance como gestor da loja   **59**
- Perfil 1: "Zé, lápis na orelha"
- Perfil 2: "Ana, a generosa"
- Perfil 3: "João, do meu jeito"
- Perfil 4: "Tom, bom gestor"

SUMÁRIO

Capítulo 4
Redescobrindo seu colaborador e melhorando sua performance   **95**
- O humano e o divino dentro do trabalho
- Nossos colaboradores são simples robôs?
- Deixar de ser paternalista para se tornar um mentor
- Os "ovos de ouro", capital fundamental para o crescimento da empresa
- Voltemos para o tema delegar
- Vamos delegar, mas sem deixar de controlar
- Quantidade de funcionários por loja e investimentos

Capítulo 5
Uma visão mais humana de nosso consumidor   **115**
- Mercado de Vizinhança: em busca da satisfação do consumidor
- Conhecendo as razões de compra do nosso cliente
- Dicas para aumentar a satisfação do cliente

Capítulo 6
Passando o bastão e planejando a sucessão familiar   **127**
- O Mercado de Vizinhança está se preparando para este tema?
- Preparando a "passagem de bastão"
- Plano de sucessão

Referências   **142**

INTRODUÇÃO

Amigo varejista,

O tema que vamos tratar neste livro é o cerne de todo o conteúdo sobre o Mercado de Vizinhança: o ser humano.

Ao planejar e pensar no primeiro livro desta trilogia, focamos nos aspectos operacionais da gestão de loja: localização, sortimento, preço, fornecedores etc. Porém, sabemos que a essência do varejo não está apenas nos processos, técnicas e procedimentos (apesar de ser uma parte extremamente relevante), mas sim em tudo aquilo que diz respeito ao ser humano que está por trás de todos os recursos disponíveis. O varejo é onde se transpiram sangue, suor e lágrimas, parafraseando Winston Churchill num dos seus mais célebres discursos.

Após realizar muitos estudos sobre o Mercado de Vizinhança, além de minha vivência com diferentes varejistas em todo o País, aprendi que é a pessoa atrás do balcão que faz tudo acontecer. O gestor é o cérebro e o coração da loja, ele se entrega de corpo e alma ao seu negócio.

Por isso, como escrevi no primeiro livro, vejo que, no Mercado de Vizinhança, o CPF do gestor é igual ao CNPJ da loja. E isso acontece de forma natural, pois ele acaba misturando os papéis de "pessoa" e "administrador". De fato, é difícil separá-los com o crescimento dos negócios. Então, decidi direcionar o olhar do gestor para o aspecto humano de diferentes maneiras. Aqui, o CPF do gestor se aproxima muito do CPF do colaborador e do CPF do consumidor. Tudo é uma grande matriz de relacionamento humano.

Ao olharmos para a literatura atual do varejo, percebemos que ela é bastante focada em processos, técnicas e recursos, mas pouco direcionada para o comportamento humano. Por isso, decidimos explorar vários pontos que entendemos como relevantes para ter um desempenho melhor e sustentável na loja, do ponto de vista do ser humano.

Enquanto escrevia, pensei numa analogia marítima que, de certa forma, tenta resumir as ideias presentes ao longo dos capítulos. Podemos ver o Mercado de Vizinhança representado por um barco com estrutura (sortimento, tamanho, faturamento etc.) mediana e capacidade para carregar cargas importantes (clientes, colaboradores, fornecedores etc). Futuramente, ele pode até se tornar um navio maior (supermercado) ou um grande cargueiro (hipermercado).

O gestor é o grande capitão e mentor deste barco, que está direcionando seu empreendimento para o futuro. Tudo o que acontece dentro da embarcação é de sua responsabilidade. É ele quem fará a nau navegar na melhor rota possível para chegar ao próximo porto, enfrentando mares agitados ou calmos, utilizando os melhores recursos, contando com cartas de navegação, instrumentos tecnológicos e apoio de terra e seguindo as regras necessárias.

Na base do barco do Mercado de Vizinhança, tentamos traduzir os pilares essenciais para navegar com sucesso: prudência, espírito de serviço e inconformismo próprio (IP), aspectos que serão apresentados de forma detalhada no capítulo 1.

Vamos aprofundando o que é importante para o desenvolvimento do varejo, continuando a olhar para o gestor, mostrando as atitudes e os comportamentos que ele deve ter para direcionar seu navio da melhor forma possível. Assim, nos capítulos 2 e 3, destacamos os aspectos pessoais e emocionais que vão apoiá-lo na administração, no dia a dia, com base em dados de uma pesquisa feita pela GfK.

Em seguida, no capítulo 4, entramos numa etapa fundamental para que a loja continue funcionando bem: o lado humano do colaborador. Não vamos nos deter em técnicas ou processos de Recursos Humanos, mas mostrar que os funcionários têm suas próprias necessidades ou expectativas, que trabalham e são pagos por cumprir suas responsabilidades dentro do estabelecimento. O caráter divino do trabalho também será abordado, pois o colaborador é uma pessoa que tem corpo e alma, possui necessidades espirituais. O funcionário é o nosso "ouro" e, por isso, temos de cuidar e fazer render para que tudo continue dando certo.

Já no capítulo 5, vamos olhar para fora da loja e entender aquele que paga a nossa conta: o cliente. Porém, nossa visão não é a de tratá-lo como simples consumidor, mas entender suas expectativas e buscar conhecer suas percepções em relação aos produtos e serviços.

Para concluir, no capítulo 6, vamos falar sobre sucessão. Ainda são poucos os varejistas que pensam nesse assunto; no entanto, precisamos ter uma visão de longo prazo visando sempre à continuidade dos negócios. No mínimo, temos de pensar que o gestor é um ser humano que precisa tirar férias, descansar ou se recuperar de alguma enfermidade, sem comprometer a sustentabilidade do estabelecimento. A sucessão, ou a visão de um apoio dentro da empresa, não é um pecado para os empreendedores, mas uma "passagem de bastão" para que o próximo corredor consiga cruzar bem a linha de chegada.

Esperamos que esses conteúdos sejam úteis para ajudá-lo a enfrentar os desafios em sua jornada como gestor. Que você possa navegar no barco do Mercado de Vizinhança em condições favoráveis ou contra a corrente, muito mais preparado para o sucesso.

Boa leitura! Aproveite!

Marco Aurélio Lima

CAPÍTULO 1

PILARES FUNDAMENTAIS DO GESTOR

Ao longo de muitos anos pesquisando o varejo, em especial o Mercado de Vizinhança, aprendi que este segmento não pode ser entendido simplesmente como a estrutura física de uma loja ou como um complexo conjunto de processos administrativos.

O varejo, na realidade, é fruto da matriz (ou matrix!) de uma combinação explosiva de diversas relações humanas que acontecem de dentro para fora, em diversos momentos. Essas relações começam na instalação da loja e passam pela negociação com fornecedores, pela convivência com os colaboradores, pelo atendimento ao cliente e pela visão que o gestor tem de si mesmo até o encerramento das atividades ou a venda para um novo dono. São puras interfaces humanas!

Entendi que a origem dessa humanidade gira em torno do dono ou gestor, ou seja, de quem está à frente dos negócios ou é o responsável pela administração diária. Essa pessoa tem o poder de fazer a roda girar, tanto de forma positiva como negativa, e de desenvolver os demais seres humanos – colaboradores e consumidores.

Partindo disso, começamos este livro, totalmente dedicado ao capital humano, falando sobre algo que toca diretamente os gestores. Com tantas responsabilidades e afazeres diários, muitas vezes, eles acabam deixando em segundo plano o desenvolvimento de habilidades emocionais e sociais essenciais para fortalecer a si próprio e aprimorar o relacionamento com colaboradores, clientes e fornecedores.

Como fruto de minhas reflexões, estudos, pesquisas e aprendizados em diversos relacionamentos humanos, acredito que há três aspectos fundamentais para ajudar a guiar a vida profissional do gestor do Mercado de Vizinhança: prudência, espírito de serviço e inconformismo próprio (IP). É sobre isso que vamos tratar neste capítulo.

Enquanto estava desenvolvendo essas ideias, fiquei imaginando como esses três aspectos tão importantes para o empreendedor poderiam ser traduzidos de forma simples. Então, imaginei um barco – o barco do Mercado de Vizinhança – e até me arrisquei a desenhá-lo.

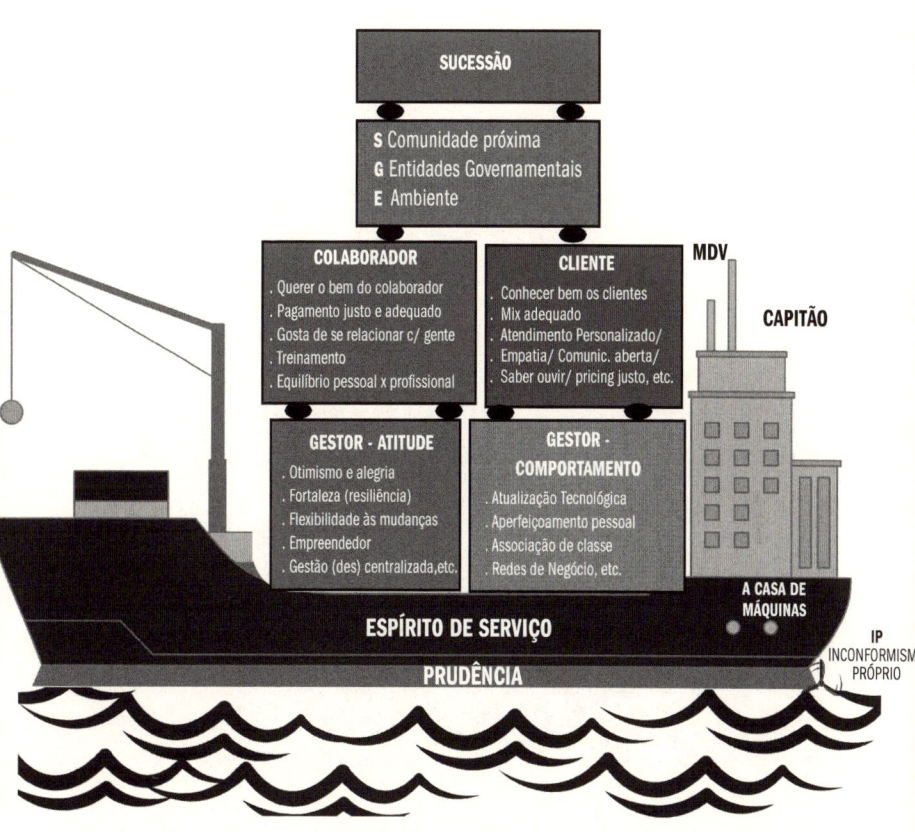

Essa embarcação não é pequena e frágil, como uma canoa que o gestor movimenta sozinho e está totalmente sujeita às variações da maré. O barco do Mercado de Vizinhança já possui a estrutura necessária para navegar nos momentos de calmaria ou de turbulência do mercado. Além disso, tem a capacidade de levar cargas extremamente importantes: colaboradores, clientes, parceiros e comunidade.

O gestor é o capitão e tem controle para definir a direção por onde deseja seguir. Nessa jornada, ele vai se apoiar justamente nas forças invisíveis – prudência, espírito de serviço e IP – para não desanimar, não deixar o barco afundar.

Assim, a base do barco é formada pela prudência e pelo espírito de serviço, que sustentam e garantem sua estabilidade. São os pilares de toda a gestão do varejista. Sem essas atitudes, ele dificilmente conseguirá ter sucesso.

Já o IP é a energia que movimenta a embarcação. Inconformismo é a atitude de não se contentar facilmente, de querer sempre o melhor. É essa a motivação que o gestor deve ter – e manter sempre renovada – para conduzir seu estabelecimento.

Convido você, a partir de agora, a dedicar tempo e refletir sobre essas atitudes essenciais para garantir não somente o presente, como o futuro da sua loja. A seguir, vamos abordar cada uma com mais profundidade.

Prudência: a virtude mãe de todas as nossas ações

Depois de alguns anos analisando e estudando o comportamento humano, principalmente no que se refere à gestão dos varejistas em seus estabelecimentos, gostaria de colocar a virtude da prudência como pedra inicial, isto é, aquilo que é o mais importante. Esse é o princípio que rege o comportamento do líder perante seus colaboradores.

O livro *Virtudes fundamentais*, de Josef Pieper, mostra que a prudência é a principal virtude cardeal. Em torno dela, giram as demais virtudes, como justiça, fortaleza e temperança. Essa primazia é resultado de que sem essa virtude, as demais nem existiriam.

Algo similar já havia sido citado por São Tomás de Aquino, influenciado pela filosofia aristotélica, quando descreveu como a prudência direciona as outras virtudes, aplicando a razão prática à tomada de decisões éticas.

A prudência envolve a capacidade de tomar decisões com base na nossa inteligência, equilibrando sabedoria, discernimento e julgamento ético em situações específicas do dia a dia, algo que já foi estudado exaustivamente por diferentes filósofos e teólogos. A própria palavra prudência – do latim prudentia – está relacionada a "ver antes" ou "prever".

Desde a época grega, Aristóteles já falava que a prudência era uma via média entre a precipitação e a hesitação, que envolvia a capacidade de discernir o que é certo em uma situação específica.

> **Dica:**
> Algo tão essencial para o nosso dia de trabalho dentro de um supermercado!

Nas suas cartas ao amigo Lucílio (Carta 41), Sêneca escreveu que a prudência se associava à sabedoria prática e à habilidade de enfrentar as adversidades da vida com equanimidade. Isso quer dizer que necessitamos de moderação em nossas decisões, sem nos deixar levar por gostos ou manias.

Gostaria de lembrar também Santo Agostinho, que, no seu livro *A Cidade de Deus*, enfatiza a importância de uma orientação ética e moral em todas as decisões, ou melhor, procura mostrar que nossas decisões e ações deveriam estar permeadas de senso moral e que impactam não somente coisas práticas, mas o relacionamento com as demais pessoas.

Esses pensadores oferecem diversas perspectivas sobre a prudência, mas, de maneira geral, concordam que essa virtude envolve a aplicação da razão prática para agir de forma ética e equilibrada em situações específicas da nossa vida.

Trazendo essas ideias para o dia a dia do varejo, a tomada de decisão deve ser feita de forma ponderada, sem precipitação, utilizando as informações disponíveis no momento que possam beneficiar o maior número de pessoas, tanto colaboradores como consumidores.

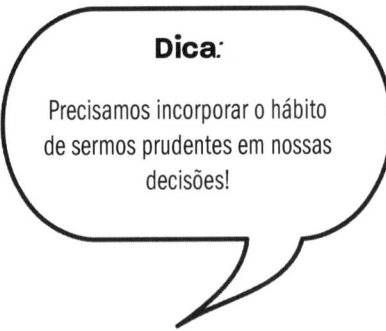

Dica:
Precisamos incorporar o hábito de sermos prudentes em nossas decisões!

Como viver de forma prática a virtude da prudência?

Para não ficarmos apenas divagando sobre aspectos teóricos e conceituais, gostaria de trazer alguns pontos que podem ser úteis em nossa rotina. Viver de forma prática a virtude da prudência envolve ter discernimento, sabedoria e bom julgamento nas decisões diárias. Aqui estão algumas ideias para cultivar a prudência:

1. **Pensar de forma consciente**

Seria bom reservar um tempo para refletir sobre as situações antes de tomar decisões importantes, evitando agir de forma impulsiva e precipitada. É válido coletar as informações necessárias, considerar as opções e refletir antes de agir. Analise as possíveis consequências de suas ações e como elas se alinham aos seus valores. Isso ajudará a pensar de forma razoável sobre as vantagens e desvantagens ao escolher o melhor caminho. Em alguns casos, reconheça que as situações são mais complexas do que se imaginava. Não há uma solução simples. O melhor é sempre dar um tempo para a ponderação interior.

2. **Ponderar alternativas**

Diante das escolhas, pondere as alternativas disponíveis. Considere prós e contras e as implicações de curto e longo prazo. Por exemplo: no caso da alta de preços de mercadorias em razão do aumento dos custos dos fornecedores, a ponderação que devemos fazer é quanto o consumidor está disposto a pagar por esse aumento de preço, de tal forma que impacte a receita e a lucratividade final.

3. **Aprender com a experiência vivida**

A prudência pode, muitas vezes, vir da experiência adquirida ao longo do tempo. Esteja aberto a aprender com seus erros e sucessos passados, ajustando decisões futuras com base nessas experiências, como se fizéssemos um pequeno exame particular do que vamos aprendendo ao longo do tempo para melhorar cada vez mais nossas decisões.

4. **Consultar pessoas mais experientes ou conselheiros**

Esse é um momento de bastante humildade para nosso aprendizado, que normalmente gera bons frutos para a gestão. Busque a orientação de pessoas experientes e de confiança ao tomar decisões importantes. Pode até ser um conselheiro, para oferecer perspectivas valiosas e diferentes do seu ponto de vista. Porém, também podemos pensar numa decisão colegiada, isto é, não somente tomada pelo gestor, mas junto com outras pessoas responsáveis dentro da empresa. A partir daí, é possível começar a ampliar a visão perante tarefas e decisões.

5. Manter a calma, nossa grande aliada

Mantenha a calma em situações desafiadoras. A prudência é, muitas vezes, testada em momentos de pressão, e a capacidade de manter a compostura é valiosa.

6. Responsabilidade pessoal

Assuma a responsabilidade por suas decisões e não coloque a culpa nos outros. Você é o grande responsável pela boa ou má performance de seu estabelecimento. A prudência inclui a capacidade de aceitar as consequências de suas ações e aprender com elas.

7. Cultivar a ética pessoal e moral

Desenvolva uma sólida base ética e moral de seus valores para orientar suas decisões, como: dizer a verdade, respeitar o próximo, ser leal, cumprir as normas, não prejudicar os outros, ser honesto, ser solidário, ter compaixão e tolerância, viver a justiça e a caridade com verdade, respeitar a liberdade etc. Ter princípios claros ajuda a tomar decisões alinhadas com seus valores fundamentais. No momento em que vivemos, precisamos ter valores e princípios coerentes que norteiam nossas ações. Seja íntegro e justo!

8. Aproveite para buscar o autoconhecimento

Com todas as dicas acima, exercite conhecer a si mesmo. Compreender suas próprias tendências, valores e limitações é fundamental para tomar decisões prudentes.

Para concluir este tema, cito as palavras de Alexandre Havard:

"*Quem deseja dirigir e servir os outros deve desenvolver a capacidade de escolher bem: deve cultivar a prudência, virtude que faz tomar decisões acertadas e eficazes. Mediante a prudência, os líderes captam a realidade em toda a sua complexidade (ou, se for o caso, em toda a sua simplicidade) e tomam as decisões adequadas a essa percepção*"[1]

Explorando o espírito de serviço no varejo

A área de comércio, ramo de negócios e atividade econômica onde se situa o Mercado de Vizinhança, carrega, hoje em dia, uma premissa forte de serviço como base de sua estrutura. Assim, o comerciante acaba prestando um grande serviço para clientes, colaboradores e comunidade quando tenta satisfazer as necessidades deles.

A palavra servir vem do latim servitium e servio, que significam "escravidão", "servidão" ou "ser ou tornar-se um escravo". Considerando as práticas dos tempos antigos, o termo traz o sentido de prestar um serviço para outra pessoa. No contexto comercial, podemos entender como dar atenção, cuidar e até zelar pelo cliente.

Para ter sucesso nos negócios, precisamos ter um sentimento interno arraigado de trabalhar em favor dos outros, prestando alguma ajuda/algum serviço ou procurando satisfazer uma necessidade.

Para quem teve a oportunidade de ler o livro O monge e o executivo, de James C. Hunter, a liderança se traduz em diversos valores para buscar o bem-estar dos outros por meio do amor, algo muito similar ao espírito de serviço. E isso não está muito distante da

---

1 HAVARD, Alexandre. Virtudes & liderança. São Paulo: Quadrante, 2011. p.93.

relação com o consumidor, pois buscar satisfazer as necessidades dos clientes é como procurar o bem dos demais, com amor, paciência, empatia e acolhimento. Hunter mostra que o líder deve ser um servidor, transformando o seu ambiente de forma positiva, tanto junto aos colaboradores quanto dos demais impactados por suas ações – no nosso caso, os clientes.

Um dos grandes santos da Igreja Católica do século XX, São Josemaría Escrivá, enfatizou o serviço ao longo de sua vida. Para ele, o "serviço aos demais" é um testemunho cristão eficaz no mundo e a vivência da fé deve se refletir nas ações diárias, especialmente no servir desinteressado aos outros. Em alguns de seus escritos, o santo incentiva a realizar as tarefas diárias com dedicação, amor e caridade, colocando as necessidades dos outros acima das nossas próprias e vendo essas tarefas como oportunidades de servir aos outros. Isso seria um encontro com Deus.

Além desses autores, podemos lembrar outras personalidades que dedicaram sua vida a servir: Mahatma Gandhi, Martin Luther King Jr., Madre Teresa de Calcutá, entre outros. O espírito de serviço transparece como um valor incomensurável no nosso dia a dia. Como consequência, é possível colher melhores resultados.

Quando vivido no ambiente profissional, o espírito de serviço transforma as relações de negócios em um ambiente mais humanizado.

O espírito de serviço deveria permear nossas atitudes nos negócios, para transformar nossos relacionamentos com os outros.

É importante pensar, por exemplo, que as expectativas dos clientes quando entram na loja envolvem aspectos intangíveis. No livro *Varejo e clientes*, os autores destacam esse ponto.

> Richard Vinic diz: "[...] o consumidor não adquire simplesmente um objeto, um bem material. Ele busca a realização do sonho, a solução de um problema".
>
> Já Henrique Aranovich fala que é importante "ter na mente e no coração que o cliente, quando entra na sua loja, está fazendo muito mais do que uma compra ou uma simples transação".[2]

Como varejistas, poderemos pensar de forma prática sobre como o espírito de serviço pode ser vivenciado no nosso cotidiano. Isso também vale para os funcionários que estão na linha de frente do relacionamento com o cliente.:

1. Enxergar o cliente como aliado, e não como inimigo, como diz James C. Hunter. Com essa mentalidade, o relacionamento com o consumidor pode apoiar um crescimento mútuo e mudar os resultados finais de satisfação;

2. Agir com delicadeza e atenção até mesmo diante de pessoas que não são amigáveis. Não podemos deixar que o mau humor alheio atrapalhe e azede o nosso cotidiano;

3. Criar um ambiente respeitoso e saudável, em que os clientes se sintam bem ao entrar na loja;

---

2. ARONOVICH, Henrique; PROENÇA, Maria Cristina; VINIC, Richard. Varejo e clientes. Juiz de Fora: DS, 2004. p.6; p.106.

4. Gentileza gera gentileza (bordão muito usado no Brasil atualmente): no relacionamento diário com os clientes, a gentileza deve prevalecer, para que eles retornem à loja;

5. Servir implica solidariedade, isto é, generosidade e atenção às necessidades dos outros, promovendo um ambiente de cooperação e cuidado mútuo;

6. Ter perspicácia para saber ouvir os consumidores. Não basta montar um simples canal de comunicação, mas ter uma escuta ativa para entender e compreender as necessidades que os clientes estão trazendo para a loja;

7. A postura corporal adequada reforça a competência quando temos um encontro presencial com nossos clientes e colaboradores. Olhos nos olhos, um rosto passivo, boa apresentação externa: isso atrai o cliente;

8. Admitir as falhas quando algo der errado. Seja o primeiro a reconhecer o problema e a buscar uma solução. Dessa forma, os clientes sempre terão confiança em você e na sua loja. Seja humilde para reconhecer as falhas e buscar corrigir o quanto antes. Aprenda a pedir desculpas;

9. Pratique a empatia, ou seja, a capacidade de compreender e compartilhar sentimentos, perspectivas e experiências emocionais com outra pessoa. A empatia é a habilidade de estabelecer conexão emocional para perceber o mundo a partir da perspectiva do outro, compreendendo suas emoções e pensamentos, sem julgamento;

10. Conhecer as necessidades dos clientes é o grande diferencial em relação aos outros canais, como os supermercados. O

gestor do Mercado de Vizinhança tem a possibilidade de conhecer com profundidade as necessidades dos clientes a ponto de individualizar o atendimento e ter uma loja cada vez mais alinhada às expectativas deles. Faça perguntas para entender melhor o que estão procurando e como você pode atendê-los da melhor forma. Cada consumidor é único em sua complexidade;

11. Alegrar-se com o outro é importante. Em alguns momentos, podemos comemorar uma alegria em comum, principalmente com aqueles clientes que têm um histórico e valor mais significativo para a loja;

12. Prestar atendimento personalizado. Em alguns casos, poderemos conhecer o nome e as características individuais de clientes mais antigos. Isso trará uma relação de confiança muito forte, que não só impactará estes consumidores, mas poderá ser exemplo e modelo para outros clientes novos do estabelecimento;

13. Comunicar-se de forma efetiva, clara e aberta. Esteja disponível para responder às perguntas, fornecer informações sobre produtos e oferecer suporte pós-venda. Às vezes, fique na frente de loja para receber os clientes, converse com eles e observe se estão contentes ou não ao entrar. Cumprimente todos;

14. *Feedback* e melhoria contínua: peça *feedback* sobre seus produtos e serviços. Use essas informações para fazer melhorias contínuas e mostre aos clientes que suas opiniões são valorizadas.

Novamente, concluo este tema com as palavras de Alexandre Havard, que une prudência e espírito de serviço: *Com frequência, a prudência foi qualificada como a sabedoria do coração. Com efeito, o amor, que é a mais elevada das nossas paixões, torna a nossa inteligência perspicaz para que possamos servir da melhor forma possível aos que amamos"*. E ele ainda diz: *"Uma atitude de serviço ajuda a construir uma filosofia de empresa rica e autêntica, caracterizada pela confiança dos empregados no seu chefe, por um compromisso pessoal sério na execução dos objetivos da organização e por uma cooperação efetiva entre todos os empregados. Os clientes são os beneficiários desta atitude e permane-cem fiéis a longo prazo".*[3]

Inconformismo Próprio (IP)

Para encerrar este capítulo basilar para o gestor de loja, gostaríamos de focar num conceito que normalmente não está descrito desta forma, mas que achamos relevante após conversar e observar centenas de varejistas ao longo de anos de pesquisa: o Inconformismo Próprio (IP).

O IP é algo muito pessoal. Assim como, em um computador, o IP é um endereço único e exclusivo que identifica um dispositivo na internet, ocorre o mesmo com o IP do gestor.

Para explicar melhor, inconformismo é a atitude de não aceitar passivamente uma situação, um modo de agir ou pensar. É aquela sensação de insatisfação ou descontentamento que desperta a vontade de melhorar. Temos de reconhecer as coisas boas e que deram certo, mas também ficar atentos aos pontos que ainda precisamos aperfeiçoar.

---

3 HAVARD, Alexandre. Virtudes & liderança. São Paulo: Quadrante, 2011. p.79; p.171.

Assim, a atitude de IP é não ficar satisfeito com aquilo que temos ou fizemos até o momento, mesmo que já tenhamos obtido grandes êxitos e resultados. Um grande gestor é aquele que vai melhorando com a própria experiência, apoiado pela virtude da prudência, ganhando uma maturidade inabalável perante seus negócios.

De forma prática, recomendamos algumas ações que um gestor deveria se propor para crescer e melhorar ao longo do tempo:

a. Estabelecer metas claras e mensuráveis: o primeiro passo para avançar na gestão é ter nitidez de aonde queremos chegar com o estabelecimento, tanto no que diz respeito aos negócios como aos diversos processos da gestão (tecnologia, custos, fornecedores, colaboradores, sortimento, precificação etc.). Metas bem definidas fornecem direção e motivação para toda a equipe;

b. Abrir-se ao conhecimento e à aprendizagem: no primeiro livro, já havíamos mencionado a importância de estar sempre abertos ao aprendizado. Busque novos conhecimentos, acompanhe as tendências do setor, participe de cursos de profissionalização, vá em feiras e congressos, assista a treinamentos e formações *on-line* sobre varejo. Atualize-se;

c. Desenvolver habilidades específicas de liderança: invista no desenvolvimento de habilidades sobre liderança, com o intuito de se capacitar para inspirar e motivar seu time, nas tomadas de decisões e como exemplo;

d. Buscar mentoria: se for possível, busque pessoas ou empresas que possam oferecer aconselhamento profissional e ajudar a melhorar suas habilidades pessoais e profissionais;

e. Fazer uma gestão eficaz do tempo: desenvolva habilidades para que possa fazer uma gestão mais adequada do seu tempo, priorizando as tarefas importantes e separando aquelas que são urgentes. Assim, é possível maximizar a produtividade e a eficiência naquilo que é realmente significativo;

f. Conectar-se a outros profissionais: construa uma rede de líderes e profissionais do seu ramo varejista para compartilhar informações relevantes de aprendizado mútuo. Não tenha medo de se expor nesse tipo de troca de experiência, pois todos saem ganhando quando há um compartilhamento saudável;

g. Avaliar continuamente os resultados: não deixe de fazer uma avaliação regular do desempenho da sua empresa e da sua performance diante das metas estabelecidas para o crescimento da loja. Assim, você poderá identificar quais são as áreas de melhoria e ajustar a rota de seu barco para chegar ao destino sem susto.

> **Dica:**
> Não devemos nos contentar com os próprios avanços, mas melhorar cada vez mais. Lutar! Continuar lutando! Vencer barreiras! Seja um exemplo de aperfeiçoamento pessoal e melhoria contínua.
> Colocar metas e não desistir!

Espero ter inspirado você com algumas atitudes neste capítulo de abertura. A seguir, vamos navegar pelos perfis de gestão no Mercado de Vizinhança.

Resumindo os aprendizados

✓ Seja um gestor prudente. Procure ter um pensamento ponderado e consciente, evitando julgamentos precipitados;

✓ Aprenda com a experiência e, se possível, informe-se com conselheiros ou pessoas mais experientes ou conselheiros;

✓ Não coloque a culpa nos outros: a responsabilidade é sua!;

✓ Cultive uma ética pessoal e moral;

✓ Procure viver o espírito de serviço, pensando no cliente como um parceiro e sempre atento para conhecer e satisfazer suas necessidades;

✓ Atue com gentileza, atenção e respeito;

✓ Saiba ouvir e reconhecer seus erros;

✓ Pratique a empatia com colaboradores e clientes;

✓ Tenha uma atitude de Inconformismo Próprio (IP);

✓ Estabeleça metas claras e mensuráveis;

✓ Busque novos aprendizados e conhecimentos;

✓ Conecte-se com outros profissionais de seu ramo;

✓ Faça uma avalição contínua dos resultados.

CAPÍTULO 2

DECIFRANDO SEU PERFIL COMO GESTOR DA LOJA

Sempre comento, nas minhas análises, inclusive no primeiro volume desta coleção, que a pessoa física do gestor, ou seja, sua vida pessoal e familiar, confunde-se com a do administrador da loja. O CPF e o CNPJ são uma coisa só! E não é raro que esses papéis se misturem.

Seguindo nosso percurso no barco do Mercado de Vizinhança, o objetivo deste capítulo é entender melhor o CPF do gestor. Para isso, vamos nos apoiar em uma ampla pesquisa de que tive a oportunidade de participar ativamente quando trabalhei na GfK.[4]

---

4. A GfK é uma das maiores empresas globais de pesquisa de mercado. Em 2023, anunciou a sua fusão com a NielsenIQ.

A partir da necessidade do mercado de conhecer com propriedade este canal do varejo, a GfK conduziu um estudo ao longo de vários anos em que entrevistou cerca de 3 mil varejistas e fez um trabalho de campo com 161 mil visitas em lojas para compor um panorama do Mercado de Vizinhança.

Dentre os vários dados levantados sobre a operação dos estabelecimentos, o estudo traçou os principais perfis dos gestores deste canal a partir do cruzamento de características como, gênero, tempo de experiência e escolaridade – aspectos da metodologia da pesquisa que explicaremos mais adiante. Os resultados desse levantamento são muito relevantes e, por isso, decidi compartilhar alguns aprendizados, complementando com análises da minha vivência profissional.

De forma lúdica, a pesquisa revelou quatro perfis de comportamentos existentes no Mercado de Vizinhança: Zé, Ana, João e Tom. Esses personagens representam diferentes estilos de gestão e são sintetizados na figura ao lado.

Na nova visão, quais são os segmentos dos gestores do Mercado de Vizinhança

Descobrimos **4 Perfis** de gestores

Zé 31%	Ana 26%	João 23%	Tom 20%
Zé	**Ana**	**João**	**Tom**
Lápis na orelha	A generosa	Do meu jeito	Bom gestor
. Baixo faturamento	. Segmento novo	. Alto faturamento	. Baixo faturamento
. Baixa Escolaridade	. Baixo Faturamento	. Alta Escolaridade	. Baixa Escolaridade
. Larga Experiência	. Boa Escolaridade	. Larga Experiência	. Dono delegou a gestão

Fonte: Estudo Mercado de Vizinhança GfK, 2019.

Qual perfil está mais conectado ao seu estilo de gestão?

Ao ver esse tipo de classificação, automaticamente nos identificamos em parte ou totalmente com algum. Isso é normal, pois qualquer segmentação de perfil comportamental tenta trazer os aspectos mais extremos e relevantes de cada personagem para facilitar a compreensão. Portanto, não se preocupe se você tiver características semelhantes a dois ou mais perfis.

> **Dica:**
> Cada perfil tem características positivas e negativas. Precisamos aprender a aproveitar o melhor delas para desenvolver a loja!

Vamos conhecer um pouco mais sobre eles.

Zé, lápis na orelha

Ele é um personagem característico que tem larga experiência no ramo supermercadista. Sua loja tem um tamanho menor do que a média dos competidores.

Vantagens

A experiência obtida ao longo dos anos se reverte num grande benefício: conhecer com profundidade os clientes. É interessante observar que essa vantagem competitiva se torna uma alavanca de sucesso para o estabelecimento.

O "Zé, lápis na orelha" tem a capacidade de identificar com clareza as necessidades e o perfil de compra dos frequentadores da loja, algo que os demais varejistas não conseguem enxergar com tanta exatidão. Ele sabe até mesmo a história pessoal e os nomes dos clientes. Normalmente, isso ocorre porque a loja está localizada no mesmo endereço desde a sua fundação e já se tornou parte da história da região e uma referência na comunidade.

Com tanto tempo à frente do estabelecimento, "Zé, lápis na orelha" tornou a gestão um processo mais simples e descomplicado no dia a dia. Mas isso não quer dizer que seja a melhor forma de administrar a loja.

Neste perfil, o conhecimento e o relacionamento com o cliente são a base da estrutura dos negócios.

Desafios

O "Zé, lápis na orelha" gosta de centralizar bastante a gestão. Tudo precisa passar por ele. Às vezes, imaginamos que o controle é uma virtude no varejo, mas isso atrapalha o desenvolvimento e o crescimento da loja ao longo do tempo. É humanamente impossível controlar todos os processos sem delegar tarefas!

Com isso, percebemos que, em geral, os estabelecimentos geridos por este perfil são de menor porte se comparados à média dos concorrentes, reflexo de um volume menor de clientes comprando na loja.

Outro desafio está relacionado ao mix de produtos, porque este perfil de gestor tende a trabalhar com sortimento mais reduzido que a média de mercado, por falta de tempo para fazer uma gestão adequada das mercadorias. Isso pode gerar insatisfação do consumidor final acostumado com diversidade de produtos.

Para completar o entendimento deste perfil, basta vermos que ele tem baixa adesão às redes de negócios, isto é, prefere que tudo esteja sob o seu controle e não se expõe à parceria com outros varejistas numa rede para compras conjuntas.

O "Zé, lápis na orelha" tem grande dificuldade de mudança em termos de gestão, liderança e introdução ou implementação de novos sistemas tecnológicos para a loja. É um perfil quase avesso à tecnologia.

Ana, a generosa

Os estudos indicam que, no varejo, ainda há uma grande concentração de homens à frente da gestão de lojas, apesar do crescimento mais consistente das mulheres ao longo das últimas décadas.

Portanto, é muito interessante conhecer o perfil das gestoras. Os modelos estatísticos utilizados na pesquisa mostram que as mulheres têm características muito peculiares que agregam à gestão, com uma visão diferenciada da perspectiva masculina.

Porém, vale a pena ressaltar que o perfil do gênero feminino e suas características marcantes também podem ser observados em determinados homens.

Vantagens
Uma visão otimista frente aos desafios futuros do varejo é a principal característica da Ana. Ela tem um posicionamento positivo em relação à loja e com a própria vida pessoal.

"Ana, a generosa" tem uma atenção mais intensa aos detalhes, isto é, uma organização consistente que permeia toda a lide diária.

Aliás, ela ganhou esse nome por causa da preocupação em pagar um salário maior aos seus colaboradores, comparado aos demais varejistas. A generosidade se reflete numa ação concreta!

Este perfil tem facilidade de estar aberto ao novo, principalmente se é algo razoável e que toca o coração. Isso quer dizer que a tomada de decisão passa não somente por um critério técnico, mas também considera as vantagens para o consumidor final ou colaborador, beneficiando várias pessoas e não pensando somente no resultado da empresa.

Um olhar feminino traz diversos benefícios para a humanização em qualquer negócio, ainda mais no varejo, onde a relação humana é importantíssima.

Desafios

O principal desafio deste perfil, assim como o do "Zé, lápis na orelha", diz respeito ao mix de produtos. Ana tem a tendência de abastecer o estabelecimento com uma quantidade maior de produtos em comparação com outros estabelecimentos do mesmo porte.

Se pagar salários mais altos é uma vantagem, por outro lado, pode se tornar um desafio quando se perde o controle desses custos perante os demais resultados financeiros do estabelecimento. É preciso ter um percentual consistente de gastos com colaboradores, de tal forma que não afete a lucratividade final da empresa.

João, do meu jeito

Aqui, estamos entrando no perfil que podemos chamar de um dos mais profissionais dentro do Mercado de Vizinhança.

Uma das características marcantes do "João, do meu jeito" é ter um faturamento maior do que a média dos concorrentes. Ele também faz um controle consistente dos gastos, tanto no que diz respeito à folha salarial como nos gastos operacionais do estabelecimento. É um verdadeiro gestor!

Sua loja funciona com perfeição, pois, além de ter o controle operacional e conhecimento aprofundado do ramo, ele agrega seu conhecimento acadêmico para o dia a dia da gestão.

Vantagens

O principal ponto forte do "João, do meu jeito" é o controle do estabelecimento. Ele é aquela pessoa que sabe com minúcia todas as informações ou operações da loja.

A vivência que este perfil carrega ao longo dos anos, aliada ao seu alto nível de escolaridade, faz com que vá aperfeiçoando a gestão. Experiência adquirida na vida!

Normalmente, este estilo de gestão tende a conseguir um resultado positivo tanto no faturamento como na lucratividade, isto é, ele quer ganhar sempre, sem perder o controle.

Em relação às novas tecnologias ou processos para o varejo, este perfil tem grande capacidade de adaptação e mudança, principalmente nos aspectos que possam trazer resultado financeiro. Um perfil meticuloso como "João, do meu jeito" agarra-se às razões concretas e óbvias que possam lhe trazer retorno.

Desafios

Embora o controle seja um fator-chave para a boa performance do varejo, em algumas situações, isso pode ser um grande "calcanhar de Aquiles" para o desenvolvimento da loja. Nos momentos em que o gestor não estiver presente, por diferentes razões, podem ocorrer rupturas repentinas que afetarão o crescimento a médio e a longo prazo.

O excesso de controle também pode afetar os relacionamentos com associações ou instituições que poderiam apoiá-lo no crescimento. Então, este perfil tem baixa adesão às redes de negócios ou até completa aversão a este tipo de empreitada, com medo de perder o controle do estabelecimento.

Esse comportamento pode afetar, inclusive, uma futura sucessão familiar. Por falta de confiança nos sucessores, e por não dar o devido treinamento ou liberdade de atuarem como pessoas maduras e independentes, o gestor prefere não transferir seu controle.

O controle sempre é um desafio para qualquer gestor. Mas não exagerar neste ponto é fundamental para a sustentabilidade do negócio a longo prazo.

Tom, bom gestor

Aqui, estamos falando de um profissional com boa escolaridade e menos experiência no mercado varejista, mas que conta com suporte de um superior hierárquico para lhe apoiar no que for preciso.

É aquela situação em que o dono ou fundador se distanciou um pouco da gestão diária e está transferindo suas responsabilidades e controles para um novo gestor, o Tom.

Neste caso, temos um dono ou gestor originário que já conquistou um estabelecimento com porte maior do que a média dos competidores e que possui uma frequência de muitos clientes diários em seu estabelecimento. Assim, ele já percebeu a necessidade de tirar o controle de suas mãos e treinar novas pessoas para essa função.

Vantagens
O dono ou o fundador está presente em poucos momentos da gestão da loja para atuar junto ao gestor atual e treinar sua performance ao longo do tempo.

Consideramos isso uma vantagem, porque se trata de um processo natural de crescimento e desenvolvimento de um varejo que, com o tempo, tende a se tornar uma rede.

Até pela própria experiência do dono/fundador, existe vantagem em conhecer bem o mix adequado de produtos e dar atenção especial aos perecíveis, itens que precisam de um cuidado diferenciado.

Entre todos os perfis estudados, Tom tem uma forte peculiaridade no que diz respeito à implementação de novas tecnologias que possam apoiar os processos internos da loja e qualquer outro tipo de ação que ajude a melhorar os resultados.

Desafios
Este perfil de gestor tem bom nível de escolaridade, o que ajuda na sua performance em diferentes situações. Por outro lado, não possui larga experiência no mercado varejista, então precisa sempre tomar cuidado nas decisões.

Um ponto de atenção é o controle de gastos com funcionários. Tom não é o dono do estabelecimento, mas um colaborador que cuida para que a loja continue avançando. Assim, o controle de gastos com a folha salarial é fundamental para dar tudo certo.

Apesar de a tecnologia ser uma das vantagens para este perfil, vale a pena ressaltar que o maior desafio é aprender a identificar e selecionar as ferramentas tecnológicas que realmente fazem sentido para o melhor desempenho do estabelecimento.

A profissionalização de negócio é o sonho de vários varejistas; porém, é um salto que precisa ser dado de forma criteriosa e consciente, com muita prudência.

A ciência a favor do varejo

Agora que já apresentamos os estilos de gestão, vamos explicar a metodologia da pesquisa utilizada pela GfK, pois é importante entender o que está por trás do perfil dos gestores.

Para começar, vale a pena relembrar o conceito de Mercado de Vizinhança, já apresentado no volume 1 desta trilogia: uma empresa familiar, isto é, que não pertence a uma grande rede varejista, em que o dono/proprietário é o próprio gestor da loja ou um de seus sucessores. Possui 40 funcionários, no máximo, sendo que a grande maioria tem até 10 colaboradores. É uma loja de autosserviço que comercializa principalmente bens de consumo (alimentos, bebidas, limpeza, higiene pessoal). As compras das mercadorias são feitas via distribuidor ou atacadista, e não diretamente da indústria.

A partir desse conceito, a GfK pesquisou diversas lojas de Norte a Sul do País, procurando entender o que mais influenciava no crescimento e desenvolvimento do Mercado de Vizinhança. Foram realizadas mais de 3 mil entrevistas pessoais nos primeiros sete anos de estudo e coletados dados em mais de 161 mil visitas presenciais nos estabelecimentos, olhando diferentes tópicos: presença de produtos, processo de compra, tamanho da loja, faturamento, preços na gôndola, forma de pagamento, departamentos, colaboradores, experiência, escolaridade e fornecedores, entre outros. Depois, a GfK levou cerca de quatro anos para concluir os estudos.

Ao longo da pesquisa, ficou claro que há um fator-chave: a influência do perfil do dono/gestor no estabelecimento. Nos primeiros anos do estudo, a partir de conversas com varejistas, foi possível entender a complexidade do seu dia a dia e os pontos que mais lhe causavam inquietação. A conclusão é de que a vida de um varejista é baseada no seguinte tripé: produtividade, tempo e lucro.

Ter produtividade dentro do escasso tempo que possui para gerar lucro.

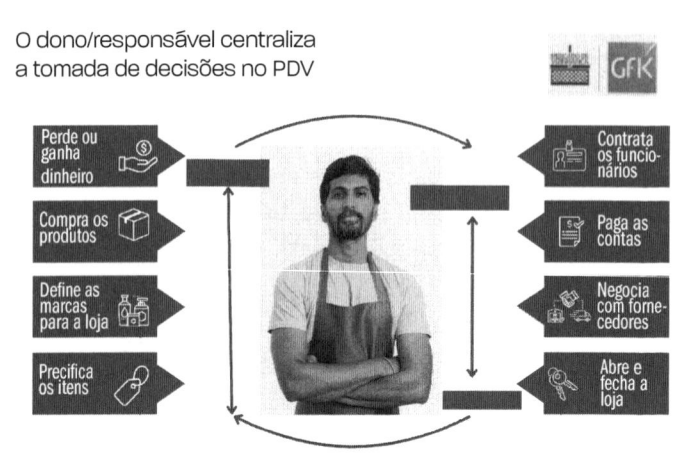

O dono/responsável centraliza a tomada de decisões no PDV

- Perde ou ganha dinheiro
- Compra os produtos
- Define as marcas para a loja
- Precifica os itens
- Contrata os funcionários
- Paga as contas
- Negocia com fornecedores
- Abre e fecha a loja

Fonte: Pesquisa Mercado de Vizinhança GFK, 2017

Considerando esses três aspectos, o varejista é um fazedor de tarefas incansável, querendo que sua loja tenha uma boa performance. Entre as diversas tarefas a cumprir, podemos destacar:

a) Adquirir produtos para a loja;
b) Negociar com os fornecedores;
c) Escolher as marcas dos produtos;
d) Precificar os itens;
e) Pagar as contas;
f) Controlar os dados financeiros;
g) Gerenciar os colaboradores;
h) Fazer a propaganda (marketing);
i) Controlar as perdas/roubos;
j) Cuidar da estrutura física da loja;
k) Definir a disposição das categorias e dos produtos;
l) Atender e aceitar ou não promotores nas lojas.

Nosso tempo é dividido numa exaustiva lista de atividades que podem nos afogar, caso não tenhamos a ordem como meta na nossa gestão.

Na realidade, a lista de atribuições seria interminável se dividíssemos cada tarefa em subatividades. Portanto, mesmo numa loja de pequeno porte, há muita coisa para fazer e torcer para dar certo!

Mas não é por acaso que a compra de produtos e a negociação com os fornecedores são os primeiros itens dessa longa lista. A pesquisa mostrou que o varejista gasta muito tempo tentando "comprar bem", isto é, com preço mais acessível, para tornar a loja competitiva.

Sabemos que para uma empresa ter continuidade sustentável, ela precisa conquistar o faturamento com lucratividade, isto é, ter um retorno sobre o investimento realizado ao longo do tempo. Isso trará fôlego para continuar vivendo e crescendo no mercado. Assim, a pesquisa buscou entender o que está realmente por trás do faturamento, tentando um caminho menos óbvio que não olhasse para o varejo apenas pelos aspectos mais patentes, como quantidade de colaboradores, número de *checkouts* e faturamento.

Assim, o estudo incluiu uma série de variáveis nos questionários para os varejistas, relacionando ao máximo os aspectos que poderiam apoiar o crescimento da rentabilidade de um estabelecimento: experiência com varejo, tempo de existência da loja, gênero, idade do gestor, escolaridade, localização, serviços oferecidos, gastos com funcionários, quantidade de itens para vender etc.

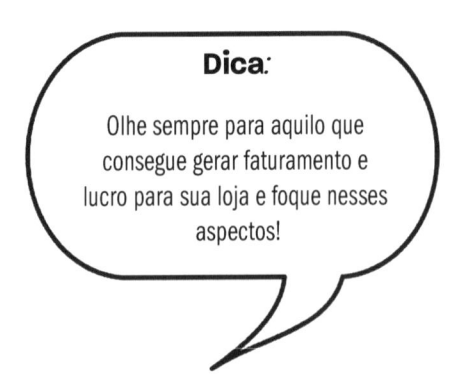

> **Dica:**
>
> Olhe sempre para aquilo que consegue gerar faturamento e lucro para sua loja e foque nesses aspectos!

A inclusão desses pontos indicou uma nova visão do varejo, como um ente vivo, isto é, muito mais dependente do gestor (ser humano) do que, simplesmente, de processos. A partir daí, o campo de visão se ampliou muito mais do que se imaginava no início da pesquisa.

Na imagem, temos um resumo das variáveis abordadas.

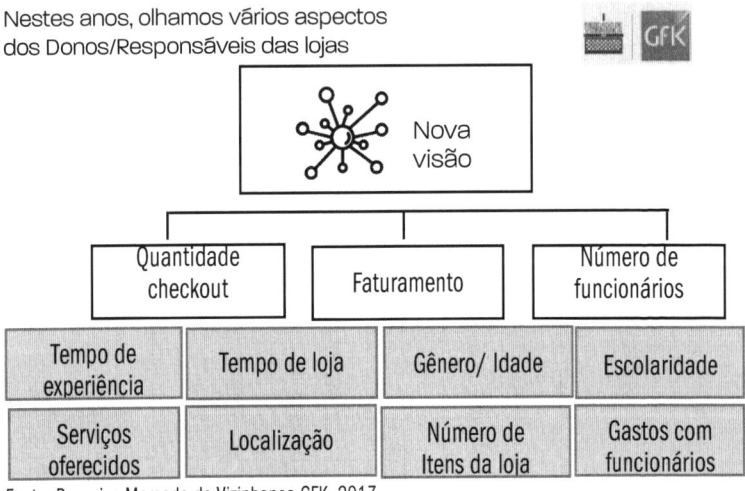

Nestes anos, olhamos vários aspectos dos Donos/Responsáveis das lojas

```
                        Nova visão
        ┌──────────────────┼──────────────────┐
   Quantidade          Faturamento      Número de
   checkout                              funcionários
```

| Tempo de experiência | Tempo de loja | Gênero/ Idade | Escolaridade |
| Serviços oferecidos | Localização | Número de Itens da loja | Gastos com funcionários |

Fonte: Pesquisa Mercado de Vizinhança GFK, 2017.

O próximo passo foi cruzar os aspectos estudados, tendo o faturamento como uma variável independente, ou seja, o fator mais relevante dessa equação. Dessa forma, foi possível descobrir os aspectos que mais influenciavam as vendas. Em outras palavras, entender quais eram os itens que faziam sentido ou que mais influenciavam diretamente na lucratividade do varejo.

Vale a pena explicar que os modelos estatísticos utilizados nessas análises envolveram diversos cálculos de correlação, ou seja, tentaram entender, através da matemática, quais seriam os aspectos que impactavam, tanto de forma positiva como negativa, a lucratividade final do estabelecimento.

A estatística, quando bem utilizada, é uma ferramenta poderosa em nossas mãos!

Assim, o estudo identificou as três variáveis mais importantes que impactam diretamente o faturamento e a lucratividade – tempo de experiência, gênero e escolaridade –, como mostraremos, de forma simplificada, na figura a seguir.

O que explica em grande parte o faturamento do estabelecimento?

FATURAMENTO
- Tempo de experiência
- Gênero
- Escolaridade

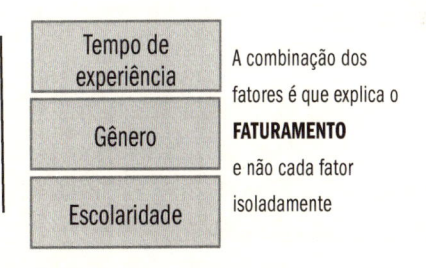

A combinação dos fatores é que explica o **FATURAMENTO** e não cada fator isoladamente

Fonte: Pesquisa Mercado de Vizinhança GFK, 2019.

Essas variáveis trabalham de forma conjunta, e não isolada, para chegar ao resultado final. Vamos compreender um pouco melhor cada uma delas.

Tempo de experiência: refere-se à quantidade de anos que o dono/gestor do estabelecimento tem no mercado varejista, independentemente se é ou não a mesma loja. Este ponto é relevante para trazer com clareza a vivência do dono/gestor para a sua empreitada. Afinal, faz muita diferença uma pessoa experiente em comparação com quem acabou de entrar no ramo;

Escolaridade: a pesquisa considerou o grau de escolaridade declarado pelos respondentes espontaneamente. Porém, percebemos que a escolaridade se completa pelo hábito de continuar se aperfeiçoando por meio de cursos, treinamentos, educação a distância etc.;

Gênero: existem comportamentos diferentes quando homens ou mulheres estão à frente da gestão da loja, mas isso não quer dizer que um está certo e o outro, errado. O melhor é entender que há aspectos positivos e negativos em cada gênero estudado. É preciso aprender a potencializar o que cada um tem de melhor para aprimorar o desempenho do estabelecimento.

A escolaridade ou o conhecimento são fundamentais para o crescimento e o desenvolvimento dos nossos negócios.

Portanto, foi cruzando os aspectos mais relevantes do estudo (gênero, tempo de experiência e escolaridade) que encontramos os quatro grandes perfis de gestores do Mercado de Vizinhança: Zé, Ana, João e Tom.

No próximo capítulo, vamos continuar nos apoiando nesses perfis para dar um passo além: aprender, na prática, como aproveitar seus pontos fortes e fracos a favor do negócio.

Resumindo os aprendizados

✓ No Mercado de Vizinhança, há diferentes perfis de gestores. Todos possuem características positivas e negativas;

✓ Como exemplo, alguns gostam de controlar e centralizar a gestão, outros têm formação acadêmica mais ampla, há aqueles que tomam decisões com o coração ou ainda os gestores mais abertos ao uso de tecnologia;

✓ Entenda com qual ou quais perfis você mais se identifica e aproveite as vantagens e os desafios de cada um para desenvolver a loja!

✓ Defina planos de ação concretos para melhorar os atributos essenciais e aumentar a sua performance.

CAPÍTULO 3

MELHORANDO MINHA PERFORMANCE COMO GESTOR DA LOJA

Nesta etapa do livro, vamos desenvolver temas na área de gestão, incluindo aspectos que consideramos relevantes para o líder ter uma performance cada vez melhor nos negócios. São dicas, sugestões, virtudes e aspectos comportamentais que podem compor nossa valiosa carga no barco do Mercado de Vizinhança.

No capítulo anterior, conhecemos brevemente os quatro perfis de gestores mais comuns neste canal do varejo. Agora, vamos aproveitar os aprendizados adquiridos e transformá-los em aspectos positivos no nosso comportamento na lida diária. Não pretendo trazer de forma exaustiva as explicações conceituais, mas de maneira clara, simples e objetiva.

Vamos começar?

Perfil 1: "Zé, lápis na orelha"

Gostaria de começar com o perfil que, às vezes, pode ser visto como negativo, mas, na realidade, traz alguns aprendizados que podemos aproveitar ao máximo.

O "Zé, lápis na orelha" nos remete à pessoa que parece estar parada no tempo ou que tem pouca flexibilidade para mudança ou introdução de uma novidade na loja. Porém, é neste perfil que encontramos peculiaridades e desafios importantes para encarar enquanto varejistas.

Zé
Lápis na orelha

PONTOS FORTES	ALERTA	DICAS
• Proximidade com o cliente. Ele sabe quem frequenta a loja	• É o modelo que mais está na mão do próprio dono	• Necessita aprimorar a gestão
• Possui boa experiência	• Gasto com mão de obra é elevado	• Promover mudança de cultura em sua loja e formar lideranças
	• Recebe menos visitante que os demais grupos	• Rever gastos desnecessários
	• Baixa adesão nas redes de negócios	• Fazer revisão do mix abrindo espaço para os perecíveis

• **Conhecer os clientes com propriedade**

No próximo capítulo, vamos falar um pouco mais sobre os consumidores do Mercado de Vizinhança; porém, aqui, gostaria de me deter sobre a importância de conhecê-los com bastante propriedade, assim como o Zé faz tão bem.

Em diversas ocasiões, o gestor fica preocupado com os aspectos administrativos e financeiros, mas acreditamos que a maior preocupação deveria ser conhecer e se relacionar de forma profunda com aqueles que estão visitando e frequentando os estabelecimentos.

É preciso gastar tempo com as pessoas, procurando conhecê-las, entender suas necessidades e satisfazê-las dentro do possível. Isso requer flexibilidade no relacionamento com clientes, fazendo com que eles se sintam à vontade, como se estivessem em suas próprias casas. O consumidor gosta de chegar em um lugar e se sentir acolhido, bem recebido e compreendido no ambiente do Mercado de Vizinhança.

Isso não significa fazer coisas mirabolantes nas lojas, mas sim desenvolver o que aprendemos desde o berço em nossa educação: cumprimentar, dar bom dia, agradecer, dar adeus e perguntar sobre as necessidades do cliente.

As virtudes de gentileza, delicadeza e preocupação com o outro são fundamentais no trato diário com os clientes. Essas atitudes devem começar pela alta direção da gestão e servir de exemplo para os colaboradores que estão na linha de frente do estabelecimento. Assim, é fundamental recrutar funcionários que tenham perfil adequado e facilidade para se relacionar de forma atenciosa com os consumidores.

Até porque, pela proximidade com o cliente que é típica do Mercado de Vizinhança, esse relacionamento pode se tornar uma amizade. A origem da palavra amizade (do latim amicus) está ligada à ideia de amor (do latim amare). A amizade se desenvolve entre pessoas que compartilham uma relação afetuosa, de confiança e respeito mútuos. A essência da conexão é sempre positiva e significativa entre as partes [5].

---

5. Fonte: Chat GPT 3.5. "Gestão no Mercado de Vizinhança". Acesso em: 17 jan. 2024.

- **Estar aberto às mudanças e inovações (flexibilidade)**

O "Zé, lápis na orelha" tem dificuldade de se adaptar ou mudar processos internos. Em outras palavras, não tem flexibilidade para promover inovações no seu estabelecimento.

Se pensarmos nas mudanças que estão ocorrendo de forma tão rápida em todas as áreas, percebemos que é necessário ter um espírito de inovação ou, pelo menos, estar abertos para as mudanças que possam apoiar o crescimento e o desenvolvimento dos negócios.

Aqui é onde devemos aprender com o "Zé, lápis na orelha" – ou melhor, não aprender – como se faz. Devemos seguir justamente pelo lado oposto! É preciso ter um espírito aberto para buscar novas informações em diferentes fontes, como: jornais, revistas especializadas, cursos, sites, LinkedIn, associações, congressos, feiras, institutos de pesquisas e outros locais. Precisamos estar antenados naquilo que está acontecendo ao nosso redor, para não ficarmos para trás. Esta é a primeira atitude de um bom gestor: buscar informação!

Com os conhecimentos adquiridos, precisamos começar a testar os aprendizados dentro do estabelecimento, experimentando modelos e arriscando inovações etc.

Aqui, vale a pena pensar em um exemplo concreto sobre a precificação de produtos. Ao participar de um evento, como um congresso de varejistas, você ouve falar de diferentes sistemas de precificação. Com essa informação em mãos, é possível buscar fornecedores que possam apoiar a estratégia de precificação com base em uma determinada metodologia e processos com suporte de sistemas tecnológicos. Nesse caso, será preciso fazer investimentos para trazer um sistema inovador comparado àquele utilizado até então. Precisamos arriscar para melhorar!

Nesse contexto, flexibilidade é a palavra-chave. Aliás, a palavra flexibilidade tem sua origem no latim flexibilitas, que é formado pela união do verbo flectere, que significa "dobrar" ou "curvar", com o sufixo "-itas", indicando qualidade ou estado. Dessa forma, a palavra "flexibilidade" carrega a ideia de capacidade de se dobrar, curvar ou se adaptar sem quebrar. Em seu sentido mais amplo, refere-se à qualidade de ser maleável, adaptável ou capaz de se ajustar a diferentes circunstâncias, condições ou requisitos[6].

Precisamos ter um perfil flexível para inovar!

• Atualização tecnológica

Acabamos de falar sobre a necessidade de flexibilidade para nos adaptarmos às mudanças. Neste mundo, onde as tecnologias avançam de forma tão rápida, é importante estarmos continuamente atualizados com aquilo que está ocorrendo no mercado.

Hoje, o varejo tem em suas mãos uma grande disponibilidade de tecnologias, softwares e hardwares para aperfeiçoar a gestão do estabelecimento. É fundamental que os gestores conheçam essas ferramentas tecnológicas, que podem servir para melhorar os vários aspectos da operação – financeiro, recursos humanos, estoque, caixa, reposição, logística. Existe uma infinidade de opções para aumentar a performance de sua loja.

É preciso estar disponível para buscar inovações, descobrir aquelas que podem trazer melhores resultados e implementá-las. Muitas vezes, vale buscar o apoio de fornecedores, como os distribuidores, para conhecer melhor o que está disponível no mercado. Mas é um dever da gestão ir atrás disso!

---

6 . Fonte: Chat GPT 3.5. "Gestão no Mercado de Vizinhança". Acesso em: 17 jan. 2024.

- **Aperfeiçoando o conhecimento do gestor**

No volume 1 desta coleção, Mercado de Vizinhança: como fazer a gestão da minha loja, abordamos, no capítulo 4, a necessidade de o gestor buscar conhecimento contínuo, ou seja, estar sempre atento para o seu desenvolvimento pessoal. Isso porque, no contexto do varejo, o nível de escolaridade dos gestores está intimamente relacionado ao faturamento da loja. Quanto maior o grau de escolaridade, maior é a média de faturamento.

Aqui, novamente, gostaria de chamar a atenção para o fato de que investir em conhecimento intelectual vai além do diploma escolar. Hoje, há vários tipos de cursos e treinamentos que ajudam a adquirir novas habilidades e competências. A busca por aperfeiçoamento constante é estratégica para o crescimento e o sucesso a longo prazo.

Com conhecimento intelectual aprimorado, os gestores são capazes de aplicar suas habilidades para melhorar a eficiência operacional, aumentar a produtividade e a rentabilidade da loja.

- **Fortaleza: a virtude da resiliência**

Como na virtude da prudência, que abordamos no primeiro capítulo, encontramos vários autores antigos e famosos que tentaram descrever a virtude da fortaleza como um dos pilares básicos para o desenvolvimento pessoal – e acreditamos que isso também vale para o nosso crescimento profissional.

Tanto Santo Agostinho como São Tomás de Aquino falam sobre a fortaleza como algo relevante na doutrina católica para se atingir o pleno desenvolvimento espiritual e pessoal e, assim, sermos verdadeiramente justos ainda em nossa vida terrena. Aqui, percebemos que há uma relação com o tema da ética. Ser forte com ética faz todo o sentido!

Gostaríamos de acrescentar as ideias de dois filósofos antigos que tentaram estabelecer a fortaleza com uma força interna propulsora que resiste ao longo do tempo: Platão e Epicteto. No livro A República, Platão explorou a coragem e a força interior como partes fundamentais da virtude da fortaleza para continuarmos nossa caminhada sem desfalecer, isto é, sem cair no desânimo e desistir do caminho. Já Epicteto, filósofo estoico, discutiu a fortaleza como a capacidade de aceitar o que não pode ser mudado e enfrentar as adversidades com serenidade.

É aqui que percebemos uma conexão com a realidade do varejista do Mercado de Vizinhança, que não desiste e aproveita as ondas contrárias para continuar navegando com seu barco. Essa virtude envolve coragem moral e resistência em face do medo, da adversidade ou da dificuldade. Viver a virtude da fortaleza implica a capacidade de enfrentar situações desafiadoras com determinação, bravura e firmeza, mantendo-se fiel aos princípios éticos e valores pessoais.

O perfil "Zé, lápis na orelha" carrega uma vivência rica em fortaleza em sua jornada, pois, pela experiência adquirida ao longo do tempo, deve ter passado por muitas tempestades em seus negócios.

Vamos pensar, então, em pontos práticos para exercitar e aprimorar a nossa fortaleza:

a. Enfrentar o próprio medo: agir corajosamente em situações difíceis e até imprevisíveis. Isso não quer dizer ausência de medo, mas sim agir apesar do medo. Qualquer varejista precisa ser forte o suficiente para tomar decisões, mesmo que não sejam populares, para o bem dos negócios e dos colaboradores;

b. Persistir diante da contrariedade: ao encontrar desafios e adversidades, seja persistente. A fortaleza não se rende facilmente diante de obstáculos, mas busca superá-los com determinação e ação. Não podemos ficar parados!

c. Exercer o autocontrole: incluímos aqui o conhecimento pessoal e o autocontrole, não apenas em situações de risco físico, mas também em momentos emocionais, em que a paciência e a resistência podem ser testadas;

d. Manter a integridade moral: nunca desista de seus princípios éticos. Mantenha a integridade moral, mesmo quando confrontado com tentações ou pressões externas. É preciso ter a capacidade de manter-se ético em meio a influências negativas;

e. Assumir riscos calculados: fortaleza não quer dizer imprudência. A coragem envolve assumir riscos calculados e de forma ponderada. Avalie as situações, calcule os riscos, meça as consequências e esteja disposto a agir quando necessário, especialmente em prol de causas justas;

f. Apoiar as pessoas: a fortaleza, em alguns momentos, não é apenas uma virtude individual. Oferecer apoio moral e encorajamento fortalece a comunidade e dá um porto seguro para os colaboradores, que sabem que poderão se apoiar no gestor quando for necessário;

g. Aprender com os erros: temos de reconhecer que nem sempre teremos sucesso. O fracasso é uma parte importante da fortaleza, permitindo o crescimento e a resiliência;

h. Desenvolver resiliência emocional: capacidade de se recuperar rapidamente de contratempos e continuar avançando. Isso é essencial para lidar com situações estressantes;

I. Buscar desafios construtivos: proponha-se a desafios construtivos que promovam o crescimento pessoal e aprimorem suas habilidades. Isso fortalece a capacidade de enfrentar situações difíceis;

j. Manter a calma sob pressão: nesse tipo de situação, a fortaleza é demonstrada não apenas na ação, mas também na capacidade de manter a compostura em momentos críticos.

"Zé, lápis na orelha": resumo dos principais pontos

1. Conhecer bem os clientes e suas necessidades;
2. Recrutar colaboradores com perfil de bom relacionamento humano;
3. Estar aberto a mudanças e inovações para as lojas;
4. Buscar atualizações tecnológicas;
5. Ter fortaleza e resiliência para continuar trabalhando.

Perfil 2: "Ana, generosa"

Na época em que pude contribuir com a pesquisa da GfK, analisamos a segmentação gerada pelos modelos estatísticos e tivemos a grata surpresa de encontrar um grupo formado por uma grande quantidade de pessoas do gênero feminino.

Num primeiro momento, esse agrupamento não fazia tanta coerência com os demais, pois o foco era estudar o perfil dos gestores do varejo, independentemente do gênero. Porém, com o passar do tempo, percebemos que as mulheres realmente representavam um estilo de gestão a ser considerado e, atualmente, vemos que está crescendo cada vez mais no mercado.

Este perfil foi um dos mais difíceis de ser analisado e estudado, pois significou uma quebra de paradigma quando imaginávamos estar num caminho certeiro de análise.

Desde que as mulheres começaram a ter voz ativa e maior presença no mercado de trabalho, percebemos os ótimos benefícios que elas trouxeram na gestão dos negócios, principalmente com uma visão mais aberta, isto é, uma forma disruptiva em relação aos padrões instalados até o momento. O pragmatismo começou a dar espaço para a intuição e a emoção. O coração começa a prevalecer ao racional!

Percebemos claramente que essa mudança ainda está ocorrendo no mercado varejista, onde há predominância masculina. O aspecto feminino vai se infiltrando cada vez mais de forma positiva.

Esse ponto de abertura em relação aos outros perfis foi decisivo para que recebesse o nome de "a generosa", em que a feminilidade impulsiona a gestora (ou o gestor) a pensar mais nas pessoas à sua volta – colaboradores e clientes –, e ajudá-las no que for possível.

PONTOS FORTES	ALERTA	DICAS
• Bom nível de escolaridade • São mais otimistas e confiantes • São mais organizadas e atentas aos detalhes	• Possui maior gastos com salários • Apresenta o maior índice de perdas • Tamanho do sortimento é o maior entre os grupos	• Aprimorar o controle e a gestão das lojas • Identificar se há despesas desnecessárias com mão de obra • Vale revisar o tamanho do sortimento

Ana
Generosa

- **Otimismo e alegria**

Dificilmente, um varejista que não tenha um ponto de vista otimista sobre os negócios, e que seja alegre, consegue prosperar ao longo do tempo ou tornar seu empreendimento sustentável. Isso é muito importante!

O gestor do Mercado de Vizinhança está tão próximo de seu cliente que é fundamental esse tipo de comportamento para atrair seu consumidor.

Vamos falar então um pouco sobre esses dois aspectos.: vários autores citam o otimismo como uma atitude mental que tende a uma visão favorável sobre as situações da vida. Uma pessoa otimista é mais propensa a esperar um resultado positivo do que um negativo.

A palavra otimismo tem origem no latim *optimus*, que significa "o melhor" ou "mais excelente". A partir de *optimus*, surgiu o substantivo latino *optimismus*, que se refere à disposição ou tendência de esperar o melhor ou de acreditar que as coisas vão se desenrolar da melhor maneira possível.

Num dos principais livros sobre o tema no Brasil, Rafael Llano Cifuentes comenta que o pessimista absorve os aspectos negativos como se tivesse um coração de chumbo, enquanto o otimista transforma o chumbo em ouro[7]. Isso representa muito bem como o gestor deve se comportar quando trava sua batalha diária na liderança da loja.

De forma prática, para se tornar uma pessoa otimista, podemos dar várias dicas:

- Tenha foco no seu sucesso ou em coisas boas que aconteceram;
- Valorize suas ideias e intuições. Concentre-se nos pontos positivos;
- Foque na solução, e não no problema. Não desperdice energia;
- Encoraje a si mesmo: encontre uma qualidade pessoal sua e perceba como fazer o melhor uso dela;
- Pare de se preocupar com os problemas que podem vir no futuro;
- Cerque-se de pessoas positivas e afaste-se de pessoas negativas;
- Estabeleça objetivos alcançáveis e avalie sempre o seu progresso;
- Pratique atos de gentileza diariamente, por menores que sejam. O bem atrai o bem!
- Medite e gaste tempo para pensar nas soluções;
- Identifique oportunidades que podem estar ao seu lado;
- Faça afirmações positivas, e lembre-se das coisas boas;
- Não reclame das dificuldades;
- Comece um diário agradecendo pelas coisas recebidas;
- Crie técnicas para aliviar o estresse: exercícios, meditação, jogos etc.;
- Invista em você. Estude. Aprenda. Procure conhecimento;
- Vista-se bem! Sorria mais!

Ter pensamento positivo traz uma série de benefícios, como melhorias no bem-estar e no sono. Os otimistas também conseguem ver oportunidades em situações negativas. Ao contrário dos pessimistas, eles ainda esperam por um resultado positivo, mesmo que as evidências apontem para o oposto.

---

7. CIFUENTES, Rafael Llano. Otimismo. São Paulo: Quadrante, 2016. (Coleção Virtudes)

Agora, falando da alegria: essa palavra também vem do latim *alacritas*, que significa "animado", "entusiasmado" ou "vivaz". Alegria é o estado de satisfação interior, um sentimento que gera contentamento em si próprio, felicidade e bem-estar. É o oposto da tristeza e vem como resultado de uma série de atitudes, e não necessariamente como uma simples forma de pensar e se comportar.

A alegria pode ser descrita como um afeto com forte caráter de liberação de entusiasmo e que ainda promove a autoconfiança, isto é, é um estado fundamental para os humanos que traz força nos momentos em que é necessário adotar mudanças na vida.

O riso, por exemplo, eleva os níveis de dopamina, substância que traz a sensação de prazer ao nosso cérebro e é responsável pela alegria. Especialistas indicam que o ato de dar uma gargalhada pode contribuir para a redução da dor, pois o riso libera outra substância, a endorfina, que possui ação analgésica.

Os benefícios da alegria no nosso dia a dia são:
Bem-estar mental e emocional: cultivar alegria na vida pessoal contribui para uma mentalidade positiva e resistência emocional diante dos desafios;
Saúde física: estudos sugerem que a alegria e o riso têm benefícios para a saúde física, incluindo a redução do estresse, fortalecimento do sistema imunológico e melhoria da função cardiovascular;
Resiliência: pessoas alegres tendem a ser mais resilientes diante de adversidades. A alegria proporciona uma perspectiva mais otimista, facilitando a superação de desafios;
Ambiente de trabalho positivo: tornar o ambiente de trabalho alegre contribui para uma cultura positiva e motivadora. Funcionários mais felizes tendem a ser mais produtivos e engajados;
Criatividade e inovação: a alegria estimula a criatividade. Equipes alegres são mais propensas a pensar de forma inovadora, gerando soluções criativas para os desafios comerciais;

Motivação e produtividade: funcionários que experimentam alegria no trabalho tendem a ser mais motivados e produtivos. A alegria cria um ambiente propício para a realização de tarefas com entusiasmo;
Clima organizacional: empresas que valorizam a alegria no ambiente de trabalho geralmente experimentam um clima organizacional mais positivo. Isso influencia a satisfação dos funcionários e a retenção de talentos;
Relações interpessoais: a alegria promove relações interpessoais saudáveis. Líderes que incorporam alegria em sua abordagem tendem a construir melhores relacionamentos com suas equipes;
Resolução de conflitos: a alegria pode suavizar conflitos e facilitar uma abordagem mais construtiva na resolução de problemas. Ambientes alegres favorecem a comunicação aberta e eficaz.

Você acha que é possível ser uma pessoa alegre, assim como "Ana, a generosa"?

Com algumas pequenas práticas no dia a dia, podemos nos tornar cada vez mais alegres, irradiando aos demais esse comportamento. Aqui vão algumas dicas:

- Pratique a gratidão: reflita sobre as coisas pelas quais você é grato e, se for o caso, agradeça às pessoas que te fizeram algum bem;
- Foque no presente: evite se preocupar demais com o passado ou o futuro e concentre-se no momento presente para aproveitar mais a vida;
- Invista em seu desenvolvimento pessoal: estabeleça metas e busque o crescimento pessoal, mesmo que seja em pequenos passos, pois a evolução contínua pode trazer satisfação e um senso de realização, contribuindo para a alegria;
- Crie conexões positivas: cultive relacionamentos positivos com amigos, familiares e colegas. Relacionamentos saudáveis e apoiadores são fundamentais para a alegria.;
- Faça exercícios físicos: a atividade física libera endorfina, um dos hormônios da felicidade. Até mesmo exercícios leves podem melhorar seu humor;

- Cuide de si mesmo: dê atenção ao seu bem-estar físico e mental, adotando hábitos como dormir o suficiente, ter uma alimentação balanceada e dedicar tempo para o lazer;
- Pratique o otimismo: tente cultivar uma mentalidade otimista, vendo as situações sob uma luz mais positiva. Isso não quer dizer que você tenha de ignorar desafios e dificuldades, mas abordá-los com esperança;
- Ria mais: a risada é uma poderosa fonte de alegria. Assista a comediantes e programas que fazem rir, compartilhe momentos engraçados e não tenha medo de rir de si mesmo;
- Desconecte-se: neste momento de tanta informação, tire um tempo para desconectar-se das mídias sociais e da tecnologia. Às vezes, a constante exposição a notícias negativas pode afetar seu estado de espírito;
- Seja generoso ("pedra de toque"): a prática da generosidade, seja ela em forma de tempo, gentileza ou apoio a causas sociais, ou seja, ajudar os outros, pode trazer uma sensação de realização e alegria.

Pagamento aos colaboradores

Além dos aspectos positivos comportamentais, o perfil da "Ana, a generosa" traz alguns aprendizados no que diz respeito ao pagamento dos colaboradores.

Os dados da GfK indicaram que, ao longo dos anos, este perfil sempre destinava um maior percentual efetivamente gasto na folha salarial em comparação com os demais perfis estudados. Daí o apelido "a generosa". Na pesquisa realizada em 2019, o percentual destinado ao pagamento dos funcionários ficou na seguinte ordem: "Ana, a generosa" (13%); "João, do meu jeito" (10%); "Tom, o bom gestor" (8,5%) e "Zé, lápis na orelha" (7,3%).

A preocupação em pagar bem seus colaboradores é uma praxe deste perfil. Faz parte de sua maneira de ser e tratar os demais, beirando o altruísmo.

Embora ela pagasse um salário maior, a pesquisa da GfK mostrou, durante alguns anos, que este perfil tinha dificuldade para definir com exatidão o percentual gasto no pagamento dos funcionários frente a receita total do estabelecimento. Em algumas pesquisas, mais de 50% das respondentes não conseguiam dizer com clareza qual era esse índice. Portanto, o controle de gastos com os salários dos colaboradores não era algo primordial dentro da gestão.

Por isso, ressaltamos que o gestor do varejo precisa conhecer este percentual para comparar com o que é praticado no mercado.

Este livro não tem o foco de apontar o gasto ideal em relação aos colaboradores, até porque existem muitos fatores envolvidos nesse cálculo (tamanho da loja, faturamento total, tecnologia, número de produtos etc.). Mas, como referência, no Mercado de Vizinhança, os gastos que ultrapassam 15% com os colaboradores precisam ser entendidos e compreendidos com maior profundidade. Por outro lado, percentuais menores do que 7%, também precisam ser repensados para entender se não é o momento de contratar novos colaboradores.

> **Dica:**
> É preciso ter controle sobre o quanto gastamos com nossos colaboradores diante das receitas obtidas em nosso estabelecimento.

Como falamos em gestão de negócios, devemos tomar cuidado com as atitudes e os comportamentos diante das nossas responsabilidades. O controle de gastos acaba sendo um fator-chave para o crescimento sustentável.

Por isso, gostaria de dar dois conselhos para o gestor varejista:

1. Aprenda a controlar seus gastos – neste caso, se resume em saber com prontidão o quanto investiu nos colaboradores e quanto (em %) isso representa do faturamento bruto;

2. Observar se, ao longo dos anos, o percentual se mantém estável ou em movimento (crescendo ou diminuindo), para fazer as devidas correções.

No primeiro livro desta coleção, Mercado de Vizinhança: como fazer a gestão da minha loja, apresentamos um controle financeiro para ajudar os varejistas a fazer uma gestão adequada dos custos, o que inclui os investimentos com funcionários. Esse controle serve para entender como os gastos estão distribuídos. Vale retomar esse ponto para saber na ponta da língua as despesas fundamentais do estabelecimento. E, principalmente, ver o quanto nosso colaborador é importante!

> **Dica:**
> É importante ter o controle de custos da loja sempre nas nossas mãos, especialmente em relação aos colaboradores, pois eles são fundamentais para que a operação funcione bem!

Querendo o bem de nossos colaboradores

No próximo capítulo, vamos nos deter com mais atenção aos colaboradores. Porém, aproveitando o tema da generosidade, gostaríamos de destacar aqui o quanto é importante pensar no bem dos funcionários.

Além de cumprirem suas responsabilidades, razão pela qual nós pagamos seus salários e definimos suas funções, precisamos pensar que eles são seres humanos e têm suas próprias necessidades, que precisam ser atendidas. Nada melhor do que encontrar, no ambiente profissional, um espaço seguro e saudável para o seu desenvolvimento!

Como melhorar o relacionamento com os colaboradores?
a. Empatia: coloque-se no lugar dos outros e tente compreender as perspectivas e os sentimentos dos seus funcionários;

b. Escuta ativa: esteja verdadeiramente presente quando os colaboradores estiverem se comunicando, prestando atenção às suas preocupações, ideias e opiniões;

c. Reconhecimento e valorização: identifique e aprecie as contribuições dos funcionários por meio de elogios, reconhecimentos públicos ou recompensas;

d. *Feedback* construtivo: destaque não apenas áreas de melhoria de seus funcionários, mas também pontos fortes. O *feedback* construtivo demonstra preocupação com o desenvolvimento profissional;

e. Desenvolvimento profissional: demonstre interesse no crescimento deles, contribuindo para um ambiente positivo;

f. Cuidado com o bem-estar: ofereça suporte em momentos desafiadores e promova um equilíbrio saudável entre trabalho e vida pessoal;

g. Flexibilidade e adaptação: esteja disposto a adaptar políticas e práticas para atender às necessidades dos funcionários.

Os colaboradores serão os principais responsáveis pela satisfação de seus consumidores. Quanto mais investir e quiser o bem deles, mais satisfeitos ficarão seus clientes.

"Ana, a generosa": resumo dos principais pontos

1. Viver com otimismo no dia a dia;
2. A alegria como base do comportamento;
3. Pagar bem e de forma controlada os colaboradores;
4. Controlar os custos;
5. Querer o bem dos colaboradores.

Perfil 3: "João, do meu jeito"

Como citado anteriormente, a pesquisa da GfK descobriu que este é o perfil com uma gestão bastante profissional, boa vivência no varejo, boa escolaridade, alto nível de eficiência pessoal, mas que gosta de controlar.

Esse controle excessivo, encarado até de forma positiva num primeiro momento, pode ser o "freio de mão puxado" que não deixa o estabelecimento crescer e se desenvolver para uma rede. Vamos aprender com João os pontos relevantes para o nosso dia a dia.

João – Do meu jeito	PONTOS FORTES	ALERTA	DICAS
	• Maior faturamento • Menor porcentagem da receita destinada à folha salarial • Maior exepriêncoa e boa escolaridade • Bom nível de eficiência operacional e uso da tecnologia	• Gestão centralizada. Negócio depende dele para funcionar • Baixa participação em redes de negócios	• Preparar lideranças/ Planejar sucessão • Ficar de olho no caixa e nas perdas para evitar despesas desnecessárias • Em caso de expansão, planejar bem cada passo para manter a performance

Espírito empreendedor

Gostaria de começar pensando num desafio que o varejista deveria ter no seu íntimo ao longo de sua carreira: espírito empreendedor.

Essa inquietação interior não é apenas para os jovens que estão começando a carreira profissional no varejo, mas para todos os que estão em cargos de liderança, independentemente da idade. Gosto muito de ver varejistas com anos de experiência em seus negócios trabalhando como se cada dia fosse um novo desafio para aprender e empreender.

Toda e qualquer loja do Mercado de Vizinhança começa num formato reduzido e vai se expandindo com o passar do tempo – ou, pelo menos, deveria ser essa a ambição de quem está na linha de frente dos negócios. Para isso, não podemos ficar parados, mas precisamos trabalhar de forma intensa, como se cada dia fosse um início para crescermos.

O tema do empreendedorismo já motivou a produção de muitos conteúdos úteis e inspiradores. Por isso, compartilho algumas sugestões de livros que podem ajudar o varejista que tenha interesse em conhecer com propriedade este tema:

- *O lado difícil das situações difíceis*, de Ben Horowitz;
- *Abílio: determinado, ambicioso, polêmico*, de Cristiane Correa;
- *Novos negócios inovadores de crescimento empreendedor no Brasil*, de Silvio Meira;
- *O segredo de Luísa*, de Fernando Dolabela;
- *Empreendedorismo na veia*, de Rogério Chér;
- *O empreendedor viável*, de André Telles e Carlos Matos;
- *Geração de valor*, de Flávio Augusto da Silva;
- *Startups: manual do empreendedor*, de Bob Dorf e Steve Blank;
- *Vai lá e faz: como empreender na era digital e mudar o Brasil*, de Tiago Mattos;
- *A estratégia do Oceano Azul*, de W. Chan Kim e Renée Mauborgne;
- *O jeito Disney de encantar os clientes*, do Disney Institute.

Também recomendo o site www.endeavor.org.br, que estimula o empreendedorismo, além do famoso www.sebrae.com.br. No caso do Sebrae, existe um curso de formação de empreendedores chamado Empretec, que vale muito a pena fazer. Aproveite!

De qualquer forma, gostaríamos de deixar registradas algumas ideias que foram encontradas em diversos autores, além dos citados acima, e que podem ser válidas para os varejistas aprimorarem seu lado empreendedor:

a. Ter iniciativa e aproveitar oportunidades: buscar, de forma proativa, atitudes e comportamentos para as situações regulares e adversas;

b. Fazer sempre mais e melhor: procurar a qualidade e a melhoria contínua das atividades e responsabilidades ajuda as pessoas a se tornarem grandes empreendedores;

c. Planejar: a organização é um aspecto fundamental para saber para onde vamos e como medir o crescimento. Gaste tempo planejando suas tarefas!;

d. Definir metas e objetivos: todo empreendedor, além de saber para onde vai, precisa ter claro o que quer atingir. Assim, metas e planejamento andam de mãos dadas e nos ajudam a melhorar cada vez mais;

e. Ter autoconfiança ou autoestima: confiar em si mesmo e naquilo que faz. Sem esse ato de fé em nós mesmos, dificilmente sairemos do lugar;

f. Cumprir as normas e regras: muito se fala de compliance em nossos dias, que nada mais é do que cumprir aquilo que está estabelecido, tanto com o público interno (ex.: fornecedores e colaboradores etc.) como com o público externo (ex.: consumidores e governo etc);

g. Ter comprometimento: nem precisamos dizer que o sacrifício pessoal e o esforço para cumprir nossas metas são os pilares do negócio e servem de exemplo para todo o time de colaboradores.

Experiência traduzida em resultado

No capítulo anterior, explicamos que "João, do meu jeito" tem ampla experiência, adquirida e aperfeiçoada ao longo do tempo, mas e também pelo bom nível de escolaridade.

Há uma relação entre o sucesso da loja e o nível de estudos do gestor, como indicamos no primeiro livro desta coleção. Quanto maior o grau de escolaridade do gestor, maior a probabilidade de o faturamento da loja ser alto.

Considerando esse ponto, vamos nos deter, agora, no aprendizado da vida diária.

O perfil "João, do meu jeito" vai desenvolvendo um aprendizado pessoal para as diversas atividades do seu negócio, que o torna cada vez mais maduro em suas decisões, trazendo aquilo que de melhor que ele obteve ao longo do tempo.

Quem nunca teve a oportunidade de estar com um comercial que carrega larga experiência vivida e que, normalmente, tem suas opiniões amadurecidas, consistentes, com profundidade, prudentes? Todos gostamos de estar ao lado de pessoas que agregam muito pelo seu conhecimento, independentemente do ramo de negócios em que atuam.

Este, sim, deveria ser o nosso ideal: crescer e amadurecer nossa gestão ao longo do tempo.

A pesquisa da GfK indica que os gestores que tinham maior tempo de vivência no varejo eram "João, do meu jeito" e "Zé, lápis na orelha". Em média, chegavam a 20 anos de experiência trabalhando atrás do balcão de loja ou na gestão, sendo que vários profissionais já ultrapassavam 30 anos dedicados ao varejo. Baita experiência!

Porém, a diferença do faturamento médio desses perfis é significativa. O estabelecimento do João atinge um faturamento bem mais alto que o do Zé, sendo que um dos pontos que percebemos foi que o tempo de experiência era traduzido em gestos e ações cada vez melhores na gestão.

A gestão de uma loja é a combinação de conhecimento técnico, processos, gestão do tempo, foco nos resultados, habilidades interpessoais e uma prática contínua. Todo varejista deve estar disposto a aprender, a se adaptar e a crescer ao longo do tempo para obter uma vivência positiva.

Nesse sentido, podemos dar algumas dicas práticas para o varejista:

a. Observação e aprendizado constante: aproveite o seu dia para aprender muito, conversando com seus fornecedores, consumidores, colaboradores, vendedores etc. Tudo é motivo de aprendizado! Aproveite para perguntar, tirar dúvidas, trocar experiências. Vá ganhando experiência através do que você e os demais fazem;

b. Estude sempre: leia livros, periódicos e sites; consulte pesquisas de mercado; faça cursos e workshops; procure certificações relacionadas à gestão de varejo. Essa formação pode fornecer uma base sólida de conhecimento e experiência para seus negócios;

c. Visite lojas de outros varejistas: procure gastar parte de seu tempo, visitando ou até comprando produtos em outras lojas. Você verá muitas ideias diferentes que podem ser implementadas no seu estabelecimento ou inovações que nem imaginava. Além disso, aproveite para ver os preços dos concorrentes, pensando em ajustar sua precificação;

d. Participação em eventos e feiras: não deixe de frequentar congressos, palestras, feiras ou eventos do mercado supermercadista. Também estimule seus funcionários a participarem desses momentos, e depois troquem impressões do que viram ou ouviram. Muitas ideias surgirão!

e. Autorreflexão: aproveite alguns momentos para refletir sobre o que deu certo e o que precisa ser melhorado em seus negócios. Faça anotações dos seus aprendizados ou sobre o que deveria fazer de forma diferente. Deixe isso num lugar de fácil acesso (ex.: caderno, software de anotações, programa no celular etc);

f. Mentoria: se for possível, recomendamos que você tenha um mentor que apoie sua gestão e possa pensar de forma diferente da tua. Assim, tua mente vai se abrir para novas possibilidades e seu aprendizado será muito mais rápido;

g. Rede de negócios ou associativismo: participar de grupos de discussão dentro de uma Rede de Negócios ou Associação poderá te ajudar rapidamente com novas sugestões para melhorar a gestão. Se você não fizer, alguém fará!

Para fechar este tópico, além das várias sugestões dadas acima, vale a pena reforçarmos a mensuração do próprio desenvolvimento. O perfil "João, do meu jeito" tem a ansiedade de controlar a própria performance, ou melhor, se autocontrolar para saber se está avançando ao longo do tempo. Faz todo o sentido que essa preocupação seja, para todos nós, uma prerrogativa que possa nos ajudar a crescer cada vez mais.

Título: Sugestões para você
- Defina seus objetivos gerais;
- Priorize os objetivos;
- Selecione poucas metas-chave;
- Torne as metas objetivas e mensuráveis;
- Garanta realismo;
- Desenvolva estratégias claras;
- Estabeleça passos concretos (intermediários, se for necessário);
- Defina prazos realistas para cada meta;
- Identifique indicadores de progresso;
- Determine indicadores-chave que possam demonstrar seu avanço;
- Mantenha a simplicidade;
- Estabeleça mecanismos de controle;
- Seja adaptável;
- Celebre conquistas intermediárias.

**De forma resumida:
Tenha sempre poucas metas, porém objetivas,
simples, realistas e controláveis!**

Gestão (des)centralizada

O "João, do meu jeito" adora controlar o que for possível e quer saber tudo o que está ocorrendo a cada momento. Por ser centralizador, um dos grandes desafios deste perfil é a descentralização da gestão.

Descentralizar a gestão de um negócio envolve distribuir a tomada de decisões e as responsabilidades para além de uma única figura central que, no Mercado de Vizinhança, é o dono/proprietário. Como resultado, isso pode levar a uma maior autonomia e engajamento das equipes.

Como já comentamos anteriormente, o varejista precisa conhecer bem os seus negócios, principalmente quando o tamanho da loja (ou faturamento) ainda não requer outras pessoas apoiando no dia a dia da gestão. Mas, conforme a loja cresce, é preciso de ajuda para melhorar a performance, inclusive com a abertura de novas lojas, se for o caso.

Em nossas conversas com diferentes varejistas, percebemos que lojas de um a dois checkouts ainda dependem muito de seus donos/proprietários. Porém, quando o tamanho do estabelecimento aumenta, com três ou quatro checkouts, chega o momento de pensar na descentralização da gestão. É um verdadeiro desapego pessoal, pois precisamos trabalhar com ferramentas ou pessoas que nos auxiliem a produzir mais e com certo distanciamento. É como "passar o bastão" para o próximo corredor numa corrida olímpica, como veremos em mais detalhes no capítulo 6, quando falamos falando sobre sucessão.

A descentralização pode ocorrer em três diferentes formatos: processos bem definidos; tecnologia e/ou automatização e capital humano (colaboradores). Gostaríamos de dar algumas dicas, principalmente sobre capital humano, nessas diferentes dimensões para descentralizar a gestão do negócio:

a. Delegação de responsabilidades: atribua responsabilidades específicas a membros da equipe com base em suas habilidades e experiências. Isso não apenas alivia a sua carga de trabalho, mas também capacita os colaboradores a assumirem papéis mais significativos;

b. Desenvolvimento de novos líderes internos: invista no desenvolvimento das habilidades de liderança de membros da equipe. Promova treinamentos e mentorias para que possam assumir papéis de liderança em suas áreas de *expertise*;

c. Definição de metas e objetivos: estabeleça metas e objetivos claros para cada equipe ou unidade de negócio. Isso permite que as pessoas ajam de forma independente para alcançar essas metas, promovendo a autonomia;

d. Sistemas de comunicação eficientes: essa é uma solução para garantir que todas as partes envolvidas estejam alinhadas com a visão e os objetivos da empresa. Isso facilita a coordenação entre as diversas unidades;

e. Empoderamento da equipe: promova um ambiente em que os membros do time se sintam capazes de tomar decisões;

f. Uso de tecnologia: utilize ferramentas e plataformas digitais que facilitem a colaboração e o compartilhamento de informações entre a equipe;

g. *Feedback* regular: estabeleça um sistema de *feedback* regular para avaliar o desempenho das metas. Isso permite ajustes contínuos e promove uma cultura de melhoria constante;

h. Promoção da cultura colaborativa: incentive a colaboração entre as equipes, mesmo que estejam trabalhando em diferentes projetos ou áreas. Isso promove a troca de conhecimento e experiências;

i. Tomada de decisões descentralizada: permita que os times tenham autoridade para tomar alguns tipos de decisões relacionadas às suas respectivas áreas de atuação;

j. Transparência e acesso à informação: promova a transparência na divulgação de informações relevantes para todas as equipes. Quanto mais as pessoas souberem o que está acontecendo na empresa, melhor poderão tomar decisões alinhadas com os objetivos organizacionais;

k. Flexibilidade organizacional: esteja disposto a ajustar a estrutura organizacional conforme necessário para acomodar a descentralização. Isso pode incluir a redefinição de funções e a redistribuição de responsabilidades.

A descentralização da gestão não significa perda de controle, mas sim uma abordagem mais distribuída e eficiente para lidar com as complexidades de um negócio. Ao implementar essas estratégias, é possível criar um ambiente mais ágil, responsivo e adaptável.

No capítulo 6, falaremos um pouco mais sobre a sucessão familiar no Mercado de Vizinhança. Apenas gostaria de aproveitar este momento para reforçar que os pontos acima, sobre descentralização, poderão ser desenvolvidos conforme os atuais gestores já tenham em mente alguém da própria família ou próximo de seu relacionamento para serem incluído nessa "passagem de bastão". É o momento para resolver dois problemas de forma simultânea: descentralização e sucessão no varejo. Não deixe de pensar nesses temas!

"João, do meu jeito!": resumo dos principais pontos

1. Viver um espírito empreendedor;
2. Ganhar experiência, traduzindo em resultados;
3. Promover uma gestão descentralizada.

Perfil 4: "Tom, bom gestor"

O "Tom, bom gestor" possui uma característica marcante revelada na pesquisa da GfK. Normalmente, cerca de 75% dos gestores com esse perfil não são os donos, proprietários ou fundadores do estabelecimento, mas pessoas com cargos de gerência, diretoria ou afins.

Isso mostra que grande parte dos proprietários originários não está mais diretamente à frente dos negócios. Eles passaram suas responsabilidades e atividades para outras pessoas. Em muitos casos, percebemos que o antigo proprietário já tinha mais de duas lojas e começava a se concentrar em fazer a gestão da "minirrede" em vez de estar diretamente com o "umbigo no balcão".

São lojas em que a descentralização da gestão já havia ocorrido, ou até mesmo a própria sucessão para um novo colaborador. Provavelmente, essa é a razão de se encontrar, neste perfil, muitas pessoas com bom nível de escolaridade, pois foram preparadas para o cargo ao longo do tempo ou já contratadas com certa exigência curricular. Porém, o Tom não tem muita experiência no varejo e precisa tomar alguns cuidados.

Tom
O bom gestor

PONTOS FORTES	ALERTA	DICAS
• Gestão profissionalizada. O negócio não depende do dono para funcionar	• Loja é maior que a o "João, do meu jeito", mas fatura menos por metro quadrado	• Atenção com a rentabilidade
• Possui mais filiais e maior área de venda	• Média de funcionários bem acima dos demais	• Precisa ter mais controle da loja para ampliar a eficiência
• Recebe maior quantidade de visitantes		• Estrutura maior precisa ser convertida em receita
• Perfl que mais oferece seções de perecíveis		
• Bom nível de escolaridade do gestor		

Atenção para a rentabilidade

Ao olharmos para o Tom, imaginamos que ele está bem preparado para qualquer desafio que possa ter na gestão, considerando que ainda recebe apoio do dono/proprietário original. Mas a situação não é bem assim!

Como ele tem boa formação acadêmica e fez cursos e treinamentos, acaba se dando bem em diversas atividades e responsabilidades do dia a dia. Porém, tem pouca experiência no varejo e se atrapalha em alguns controles.

Vemos que, em alguns momentos, esse perfil deixa a desejar no controle de pontos que podem impactar na redução do lucro final da empresa. Percebemos que a média de colaboradores acaba sendo um pouco maior do que dos demais perfis estudados, mostrando que ainda precisa de maior controle financeiro e de atividades dos funcionários.

O Tom também descuida do faturamento por metro quadrado, que fica com um índice abaixo dos demais perfis. Os motivos, neste caso, são tanto o descontrole do indicador como saber a importância de uma métrica tão relevante para a produtividade.

Por fim, temos a questão do mix, em que os perecíveis são uma referência para esse gestor e um atrativo para o consumidor. Porém, sabemos que perecíveis com baixo controle se tornam uma "bomba-relógio" de perdas e facilmente podem diminuir a lucratividade.

Portanto, esses e outros pontos precisam ser aprimorados de forma cuidadosa pelo perfil do Tom. Isso se desenvolve a partir da experiência vivida dentro da loja, e não apenas com livros e apostilas de um curso qualquer, gerando um melhor resultado financeiro para a loja.

Atenção:
O varejo pode perder muito dinheiro quando descuida dos detalhes!

Adesão às Redes de Negócios ou Centrais de Compras

A pesquisa da GfK sobre o Mercado de Vizinhança feita em 2019 mostrou que 20% das pessoas que estão no perfil do Tom têm algum vínculo com Redes de Negócios ou Centrais de Compras, sendo que já participavam desse tipo de atividade há quase 10 anos, em média. Esse foi o maior percentual entre os demais perfis pesquisados. Apenas como exemplo, o "Zé, lápis na orelha" não chegava a 10%.

Aqui, temos uma característica interessante varejista que se apoia em outros varejistas (via associação ou centrais) para fazer crescer o mercado como um todo e ainda continuar de forma competitiva.

Em conversas com varejistas, observamos que existe uma percepção errônea de que participar de atividades ou negociações com outros varejistas expõe informações dos negócios e reduz a competitividade. Não acontece dessa forma!

Quanto mais unidos em entidades de classe, associações, redes de negócios, centrais de compras e associativismo etc, mais nos fortalecemos e nos tornamos competitivos diante dos demais canais concorrentes. Todos aprendem e compartilham sua vivência, fazendo com que o varejo cresça.

Com isso, recomendamos muito que qualquer varejista sempre busque formas de estar próximo dos outros varejos, através de diversos formatos.

Administradores de bens recebidos

Ao ler alguns livros sobre a Doutrina Social da Igreja Católica e a santificação do trabalho empresarial, encontrei alguns trechos do escritor francês Domènec Melé Carné, que resumiu várias mensagens escritas por São

João Paulo II sobre a empresa e o trabalho, e acho que cabem muito bem no perfil do "Tom, bom gestor".

João Paulo II, que foi papa e faleceu em 2005, gostava de falar que todos os homens e mulheres devem "prestar contas de sua administração" no final de suas vidas, como ocorreu na Parábola dos Talentos (Mt 25,14-30) ou na Parábola do Administrador Infiel (Lc 16, 1-8). Isso acontece com qualquer gestor também!

Como consta na Doutrina Social da Igreja Católica, os empresários não devem esquecer que administram um patrimônio recebido de outros homens e, portanto, são responsáveis por prestar contas de sua atuação, inclusive perante Deus.

Assim também ocorre com o gestor do varejo que recebeu de outra pessoa a possibilidade de fazer a administração de um ou mais estabelecimentos e deverá prestar contas de tudo o que fez, sem se esquecer de Deus. O gestor recebeu uma investidura de terceiro, que transferiu suas responsabilidades e atividades do dono/proprietário para, a partir daquele momento, que fosse como se ele próprio estivesse atuando.

O perfil Tom recebeu em suas mãos uma grande responsabilidade e deverá atuar como se fosse o próprio dono da loja, ou melhor, "olhos, cabeça e coração de dono".

Aqui, podemos dar algumas dicas concretas para que este perfil tenha sucesso nessa empreitada:

a. Compreender aquilo que se espera de seu cargo e de sua função: é fundamental que o gestor com perfil parecido com o do Tom tenha clareza de todas as expectativas e responsabilidades que o dono/proprietário espera dele, por menores que sejam;

b. Utilizar, da melhor forma possível, todos os recursos disponíveis: já citamos, neste livro e no primeiro volume da coleção, as diversas atividades que precisamos cumprir para ter uma melhor performance no cargo de gestor. Basta revisar bem nosso comportamento, atitudes, preocupação com o colaborador e conhecimento do cliente para termos bons resultados a longo prazo;

c. Manter uma comunicação aberta e transparente com os proprietários: os contratantes sempre têm a necessidade e a expectativa de receberem um retorno sobre o que estamos fazendo e quais são nossos desafios. Estabelecer uma linha direta com o dono/proprietário ajudará a ter uma comunicação aberta, gerando confiança no relacionamento e muitos aprendizados;.

d. Compartilhar regularmente relatórios, desafios e sucessos, buscando feedback e orientação sobre o que você está fazendo na administração dos negócios;

e. Estar atento às tendências de mercado e inovar conforme necessário, mas, sempre que seja necessário, apoiado em decisões conjuntas com seus chefes;

f. Ter um compliance legal: assegure-se de que a loja esteja em conformidade com todas as regulamentações e leis aplicáveis, incluindo aquelas que já foram definidas pelos donos/proprietários para o estabelecimento.

Tom, bom gestor: resumo dos principais pontos:

1. Ficar atento à rentabilidade da loja;
2. Participar das Redes de Negócios ou Centrais de Compras;
3. Administrar os bens recebidos (prestar contas).

> **Dica:**
>
> Vale e pena repensarmos nossa rotina, e tentar focar naquilo que mais vai trazer retorno a médio e longo prazo em nosso estabelecimento, e não apenas a curto prazo.
> Vamos tentar?

Meu amigo varejista, este capítulo foi repleto de sugestões e ideias para melhorar o modo de atuar na gestão do dia a dia. Que tal começar a colocá-las em prática?

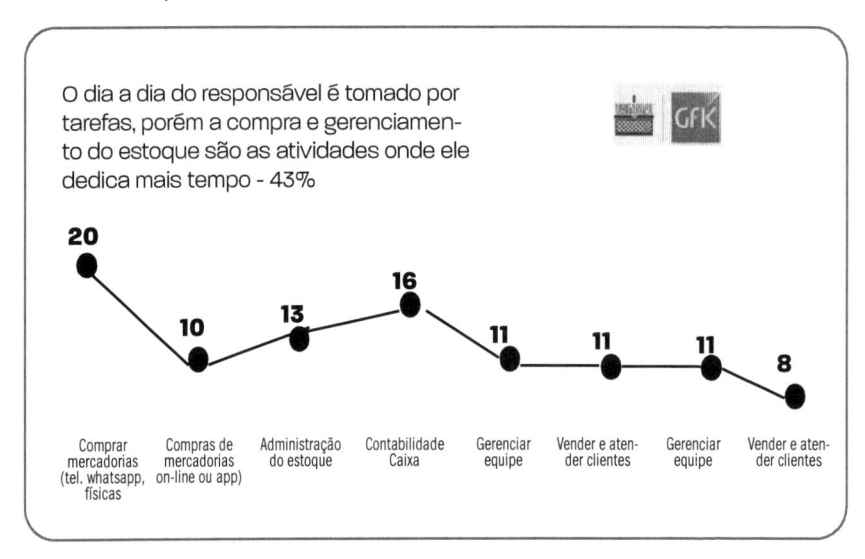

O dia a dia do responsável é tomado por tarefas, porém a compra e gerenciamento do estoque são as atividades onde ele dedica mais tempo - 43%

Comprar mercadorias (tel. whatsapp, físicas)	Compras de mercadorias on-line ou app)	Administração do estoque	Contabilidade Caixa	Gerenciar equipe	Vender e atender clientes	Gerenciar equipe	Vender e atender clientes
20	10	13	16	11	11	11	8

Resumindo os aprendizados

- ✓ Conhecer bem os clientes e suas necessidades;
- ✓ Recrutar colaboradores que tenham facilidade no relacionamento humano;
- ✓ Estar abertos às mudanças e inovações para nossas lojas;
- ✓ Buscar atualizações tecnológicas;
- ✓ Ter fortaleza e resiliência para continuar trabalhando e buscar bons resultados;
- ✓ Viver com otimismo no dia a dia;
- ✓ A alegria deve ser a base de comportamento do gestor;
- ✓ Pagar bem e de forma controlada os colaboradores;
- ✓ Querer o bem dos colaboradores;
- ✓ Controlar os custos;
- ✓ Viver com espírito empreendedor;
- ✓ Ganhar experiência, traduzindo-a em resultados;
- ✓ Ter uma gestão descentralizada;
- ✓ Estar atento à rentabilidade;
- ✓ Participar das Redes de Negócios ou Centrais de Compras;
- ✓ Administrar os bens recebidos (prestar contas).

CAPÍTULO 4

REDESCOBRINDO SEU COLABORADOR E MELHORANDO SUA PERFORMANCE

Nos capítulos iniciais, nossa maior preocupação foi apresentar o perfil do gestor. Agora, a intenção é explorar o lado humano dos funcionários do varejo de vizinhança e entender como eles se encaixam dentro de um contexto maior, que passa por dignidade no trabalho, vida profissional versus vida familiar, subsidiariedade, responsabilidades, funções aperfeiçoamento, entre outros pontos.

Quando falamos sobre os colaboradores, precisamos entender, em primeiro lugar, que eles não são apenas uma parte da engrenagem dentro da loja ou dos processos, mas são as engrenagens fundamentais para o crescimento sustentável dos negócios.

Podemos comparar o gestor ao "coração" e a "cabeça" que fazem o corpo (o estabelecimento) funcionar, enquanto os colaboradores são como as veias e artérias que transportam o sangue, ou seja, dão vida para todos os membros do corpo.

Portanto, é fundamental ampliar nossa visão sobre a importância do colaborador. Ele precisa crescer, para que nossa loja também cresça.

O humano e o divino dentro do trabalho

No último século, muitos autores procuraram escrever sobre a relevância do ser humano sobre o capital (bens, meios, recursos) dentro do trabalho, sendo que alguns dos mais proeminentes foram: Papa Leão XIII, Karl Marx, Gandhi, John Ruskin, Amartya Sen, E.F. Schumacher, São Josemaría Escrivá, Papa São João Paulo II, entre outros.

Este livro não tem a prerrogativa de se tornar um curso de filosofia, história, economia ou religião, mas vamos, de forma resumida, conhecer o pensamento de alguns autores para mostrar que o ser humano deveria ser privilegiado em relação aos bens ou ao sistema econômico e trabalhista onde está inserido. O próprio Karl Marx, apesar de controverso em diversos pontos sobre o capital, defendia uma transformação radical da sociedade para atender às necessidades básicas humanas.

Dessa forma, gostaria de me deter em dois escritores que exploram pontos muito interessantes: E.F. Schumacher e Papa João Paulo II.

O britânico E.F. Schumacher escreveu, em 1973, *Small is beautiful* (*O negócio é ser pequeno*, na edição em português), livro que revolucionou o pensamento contemporâneo sobre a economia sustentável, pois defende uma abordagem mais humanística e sustentável para o crescimento do capital. Essa obra tinha como pano de fundo o desenvolvimento integral da pessoa e sua qualidade de vida, e não apenas o crescimento econômico como meta. Também trouxe à tona o aspecto da valorização das economias locais e de menor escala, além do cuidado com o meio ambiente, para que seus recursos não fossem exauridos ao longo do tempo em prol da obsessão pelo crescimento econômico, sempre defendendo uma distribuição mais justa de oportunidades.

Schumacher argumenta que a economia não deveria ser dissociada de considerações éticas e espirituais, destacando a importância de uma abordagem econômica que respeitasse os valores morais e a dignidade humana. De forma resumida, o autor traz o ser humano para um contexto maior na economia e, em consequência, para a vida profissional como fator-chave da engrenagem – que, portanto, deveria ser respeitado como tal.

O Papa João Paulo II também trouxe uma reflexão relevante sobre o papel do trabalho para o ser humano, até pela sua própria experiência vivida na Polônia antes de se dedicar ao sacerdócio. Como chefe da Igreja Católica, ele apoiou a expansão e o detalhamento da Doutrina Social da Igreja.

Domènec Melé Carné fala sobre São João Paulo II na Introdução de seu livro *Empresa y economía al servicio del hombre: mensajes de San Juan Pablo II a los empresários y directivos econômicos*: "Em seu memorável discurso em Barcelona, João Paulo II fala que desde o início de seu pontificado proclamou com insistência sobre a centralidade do homem, seu primado sobre as coisas e a importância da dimensão subjetiva do Trabalho, fundamentada sobre a dignidade da pessoa humana". E continua: "Dentro da encíclica Laborem Exercens (item 12), João Paulo II se referiu de forma extensa à prioridade do Trabalho humano sobre o capital em seus discursos. O Romano Pontífice alude a este princípio ao tratar de alguns problemas particulares. No seu próprio tempo, insiste em que os que têm o poder de decisão – como empresários, agentes econômicos e políticos – devem fazer prevalecer em suas decisões o <u>valor do trabalhador</u> e da dignidade humana" [8].

---

8. CARNÉ, Domènec Melé. *Empresa y economía al servicio del hombre:* mensajes de San Juan Pablo II a los empresários y directivos econômicos. Pamplona: Universidad de Navarra, 1992. p.21.

Num outro ponto, Carné reforça que o papa explicava que o conceito cristão do trabalho vê nesta chamada uma colaboração com o poder e o amor de Deus, e também um meio por que o homem dever perseguir a plena realização de sua humanidade. *"O trabalho é também fonte de vida moral e de união com Deus. Em outras ocasiões, o Papa recordava que é indispensável para nós, os crentes, que o trabalho seja realmente um caminho de santificação. Assim, a dimensão humana, espiritual, econômica, social e cultural do trabalho se agrega à dimensão cristã, que encontra um exemplo vivo em São José, na Virgem Maria e em Jesus Cristo trabalhador"* [9].

Gostaríamos de acrescentar ainda que o livro Doutrina Social da Igreja, no ponto 270, destaca que o trabalho humano tem uma dimensão dupla: objetiva e subjetiva. No sentido objetivo, é o conjunto de atividades, recursos, instrumentos e técnicas que o homem utiliza para produzir. Já no sentido subjetivo, refere-se à capacidade do homem, enquanto ser dinâmico, de fazer várias ações que pertencem ao universo do trabalho e correspondem à sua vocação pessoal. O homem, como "imagem de Deus", é um ser dotado de subjetividade, capaz de agir de maneira racional, de decidir e de realizar-se a si mesmo.

Para concluir, vamos resumir os pontos principais da encíclica Laborem Exercens, escrita pelo Papa João Paulo II e publicada em 1981. O documento abordou diversas questões relacionadas ao trabalho humano que valem a pena refletirmos sobre:

Dignidade do trabalho: a encíclica destaca a importância do trabalho como parte integrante da dignidade humana. O trabalho não é apenas uma atividade econômica, mas uma expressão da criatividade e da contribuição pessoal para o bem comum;

Direitos dos trabalhadores: enfatiza os direitos dos trabalhadores, in-

---

9. CARNÉ, Domènec Melé. *Empresa y economía al servicio del hombre*: mensajes de San Juan Pablo II a los empresários y directivos econômicos. Pamplona: Universidad de Navarra, 1992. p.25.

cluindo o direito à justa remuneração, condições de trabalho seguras, liberdade de associação e participação nos frutos do progresso tecnológico;

Solidariedade e subsidiariedade: introduz os princípios de solidariedade e subsidiariedade na organização do trabalho. A solidariedade destaca a interconexão entre os trabalhadores, enquanto a subsidiariedade promove a descentralização e a autonomia nas decisões, favorecendo a participação ativa dos trabalhadores;

Papel da família: reconhece a importância da família como uma comunidade de solidariedade e apoio para os trabalhadores. Destaca a necessidade de equilibrar as demandas do trabalho e da vida familiar;

Dimensão ética do trabalho: destaca a dimensão ética do trabalho, incentivando os trabalhadores a integrar valores morais em suas atividades profissionais;

Globalização e desenvolvimento: analisa os desafios da globalização e do desenvolvimento econômico, chamando a atenção para a necessidade de equidade e justiça nos processos econômicos globais;

Participação dos trabalhadores: destaca a importância da participação ativa dos trabalhadores nas decisões relacionadas ao seu trabalho e à organização em que estão inseridos.

A encíclica *Laborem Exercens* se resume numa frase citada no item 6: "[...] *a empresa é para o homem, e não o homem para a empresa*". Assim, deixa claro quem tem a primazia nessas funções e nas responsabilidades laborais.

Para concluir, o tema da santificação do trabalho, também amplamente pregado pelo sacerdote São Josemaría Escrivá, que pressupõe que a perfeição humana no trabalho, buscando, através dele, encontrar sua santidade, é um encontro com Deus. No seu livro Caminho, no ponto 359, Escrivá cita: *"Põe um motivo sobrenatural na tua atividade profissional de cada dia, e terás santificado o trabalho"*. Isso significa que, nesse contexto, o trabalho pode se tornar um momento de "tocar o lado divino" das coisas, e não apenas um processo repetitivo, automático ou engessado de viver. E, é claro, depende muitíssimo de um entorno social que valorize o trabalho em si e a dignidade do trabalhador.

Com isso, podemos voltar ao varejista e seus colaboradores com uma visão de que o ambiente de trabalho deverá ser um lugar de apoio para o crescimento e desenvolvimento interior do ser humano.

Nossos colaboradores são simples robôs?

Com o que foi descrito acima, gostaríamos de deixar claro que os colaboradores não podem ser vistos como simples partes de um processo administrativo do estabelecimento. Eles não são seres que funcionam como robôs, afinal possuem características, vivências, conhecimentos, expectativas e desejos e aspiram a sentimentos profundos. Não podem ser comparados com uma simples máquina programada para cumprir atividades previamente definidas.

Por isso, precisamos pensar de forma diferente do que estamos acostumados a fazer ou, pelo menos, da forma como a literatura atual descreve a gestão de talentos ou de recursos humanos. Não são técnicas ou processos de gestão que farão com que os colaboradores consigam se desenvolver dentro do trabalho proposto no estabelecimento.

Nos próximos pontos que vamos estudar, gostaríamos de deixar claro que nosso intuito final é fazer com que as pessoas possam olhar para o gestor mais como um verdadeiro mentor, o capitão do barco, que as apoiem em suas atividades, e menos como um simples e mero administrador.

Deixar de ser paternalista para se tornar um mentor!

No ano 2001, o consultor e palestrante Pedro Mandelli escreveu um livro chamado Muito além da hierarquia, propiciando uma visão ampla do papel que o gestor deveria ter perante seus subordinados. Nessa obra, ele mostra que a essência da gerência não está nas tarefas, mas no resultado contínuo e crescente. O gestor informa a equipe e, para isso, deve lançar mão de toda a bagagem que possui.

Assim, o autor mostra claramente que temos de dividir nossas responsabilidades de gestão entre as tarefas físicas e o desenvolvimento da equipe para que os colaboradores tenham autonomia e ganhem maturidade em suas funções.

A sigla GAH, Gestor Além da Hierarquia, cunhada por Mandelli, expressa que temos de ser gestores completos, e não apenas técnicos que conhecem bem os processos. Segundo ele, o GAH precisa viabilizar as metas e a rotina, mas, principalmente, conduzir a equipe rumo à conquista de conhecimento, aprendizado e excelência nos resultados.

Seguindo o mesmo raciocínio, Juracy Parente, professor da Fundação Getulio Vargas (FGV) e um dos maiores especialistas no setor de varejo do Brasil, defende que os líderes precisam ser catalisadores de mudanças. Para isso, devem assumir riscos, dar o exemplo e ter papel ativo nas inovações na empresa.

Com isso, precisamos deixar de ser simples tarefeiros perante nosso time para nos tornar verdadeiros mentores de suas carreiras, ajudando a transformá-los em pessoas cada vez melhores, como funcionários e como seres humanos.

Mas é possível pensar assim tendo de cuidar de tantas tarefas, ainda mais numa loja de pequeno porte?

Os "ovos de ouro", capital fundamental para o crescimento da empresa

A famosa fábula *A galinha dos ovos de ouro*, de Esopo, pode nos servir como referência para mostrar que é preciso cuidar e guardar com todo o carinho, e não matar, quem nos dá os "ovos de ouro" todos os dias e que fará crescer e desenvolver o nosso estabelecimento: o colaborador.

No primeiro livro desta trilogia, apresentamos algumas ideias e sugestões para o processo de gestão de Recursos Humanos, com técnicas e dicas para melhorar as atividades junto aos funcionários. Nele, você vai encontrar sugestões para melhorar a função do gestor como tarefeiro.

Porém, neste capítulo, nossa intenção é mostrar que o gestor pode ser o capitão de seu barco (da sua loja), capaz de cruzar os altos mares, e não apenas se dedicar às tarefas operacionais.

Com isso, temos mais algumas sugestões práticas nesse contexto:

1. Relação de confiança: tudo começa em acreditarmos nas pessoas com quem trabalhamos, achando que estão ali para fazer as coisas de forma correta, e não termos um espírito de insegurança e desconfiança em relação a elas;

2. Transparência nas expectativas: não vale a pena esconder ou deixar ocultas as expectativas perante as pessoas, pois a transparência vem da limpidez e da sinceridade com que expomos o que pensamos, sem esquecer que a "sinceridade com a caridade" é o melhor fio condutor da comunicação;

3. Treinamento e formação de pessoas (capacitação contínua): sabemos que, no varejo, é muito importante a capacitação técnica para melhorar o nosso time. Com isso, vale a pena investir em treinamentos e cursos para que os funcionários possam se desenvolver em suas atividades;

4. *Feedback* contínuo e não apenas periódico: sempre faça uma avaliação ou dê um retorno para o seu time, não apenas em situações pontuais. O *feedback* contínuo tende a dar melhor resultado junto aos colaboradores, colaborando para que possam ter alta performance;

5. Estimular o trabalho em equipe: em algumas situações, devemos estimular o trabalho em equipe para que os funcionários possam ganhar autonomia diante de situações ou problemas que precisam ser resolvidos. Podemos chamar essa ação de empoderamento;

6. Compartilhar as próprias experiências e vivências no varejo: conhecimentos e vivências como gestor são muito válidos para que o time possa crescer e se desenvolver rapidamente. Fazendo isso, os colaboradores não precisam passar pelas mesmas situações já vividas por você e, assim, podem ser mais eficazes;

7. Traduzir, de forma didática e prática, os treinamentos: ao compartilhar as experiências pessoais, recomendamos aos varejistas que façam isso de forma bastante didática e prática. Normalmente, o nível de escolaridade dos funcionários faz com que tenhamos de ser mais simples na forma de comunicação;

8. Ouvir as opiniões alheias, mesmo que sejam diferentes das nossas: precisamos ter um canal de comunicação aberto para que todos possam expressar e trazer suas opiniões, sabendo respeitar os diferentes pensamentos, mesmo quando são contrários ao que imaginávamos ser o melhor caminho;

9. Abertura para ideias e sugestões: crie um ambiente onde as pessoas sejam valorizadas e apreciadas ao trazerem novidades para as suas tarefas ou as dos demais colegas. Incentive o *brainstorming*;

10. Elogiar ou promover bons desempenhos: um elogio, por menor que seja, pode ter forte impacto interior para os colaboradores, aumentado sua autoestima. Se a performance é a condição para uma promoção ou aumento de salário do funcionário, isso é a melhor coisa que deve ser feita. Nunca deixe passar esses momentos para valorizar o trabalho dos colaboradores;

11. Saber respeitar a privacidade e a diversidade de cada pessoa: dentro do time, podemos ter pessoas com peculiaridades no que se refere a: raça, religião, gênero e deficiência, entre outros pontos etc. Por isso, precisamos sempre ter um ambiente que respeite a diversidade. A preocupação em entender cada vez mais o ser humano, considerando a sua privacidade, também passa por aprender a admirar as características de cada um;

12. Gentileza gera gentileza: essa frase representa bem a forma como devemos nos relacionar com os empregados. Eles merecem um trato delicado e gentil!

13. Vida profissional versus vida familiar: aqui, cabe uma atenção especial para o gestor sobre a vida familiar dos colaboradores. Quando a profissão começa a atrapalhar muito o ritmo familiar, normalmente a produtividade cai. Quando não há um equilíbrio saudável, a vida piora como um todo. Um dos grandes problemas, neste caso, é o excesso de horas extras;

14. Saber exigir as responsabilidades: é fundamental que os colaboradores cumpram com as exigências estabelecidas para suas funções;

15. Extrair sempre mais e melhor dos colaboradores: além de cumprir as metas estabelecidas, os colaboradores devem ser estimulados a sempre procurar cumprir mais e melhor suas tarefas na loja. Precisamos ter metas desafiadoras, para que eles não se acomodem e, assim, possam também crescer ao longo do tempo;

16. Clima alegre e otimista entre os funcionários: como falamos no perfil "Ana, a generosa", no capítulo 3, é extremamente importante ter pessoas otimistas e alegres no varejo, pois são elas que estarão frente a frente com o consumidor. Para isso, é importante que o time interno também conviva em um clima alegre e otimista. Compartilhar as vitórias ou conquistas de forma conjunta é uma boa prática para estimular um ambiente mais saudável entre os colaboradores, além de definir momentos de descompressão conjunta para todos relaxarem. Assim, também vamos aumentar o nível de sociabilidade da equipe;

17. Fazer reinar a ética (*compliance*) dentro do time: com a clareza das funções de cada um e as regras estabelecidas como padrão na loja, podemos ter um ambiente extremamente ético e cumpridor de suas responsabilidades. Muito se fala no cumprimento de regras ou normas morais no ambiente de trabalho e, aqui, gostaríamos de reforçar como é fundamental que todos aprendam a vivenciar um ambiente ético de virtudes, pois isso dá estabilidade e segurança às relações pessoais e profissionais. Nunca abra mão de seus valores!

18. Ser um modelo e/ou uma referência para o time interno: nunca esqueça que você, como gestor, é o principal responsável, ou referência, para todos os colaboradores. Aquilo que seus subordinados veem você fazendo provavelmente servirá como exemplo para eles – um modelo que "entra pelos olhos", e não simplesmente por palavras. Não deixe de pensar e ponderar isso!

Voltemos para o tema delegar

No capítulo 3, ao abordarmos o perfil "João, do meu jeito", tecemos algumas ideias quanto à gestão descentralizada e sua importância para a continuidade dos negócios. Aproveitando o contexto sobre os colaboradores, vale a pena reforçar um dos aspectos desse estilo de gestão: delegar.

A palavra delegar tem origem latina, da mesma raiz de *delegatus*, que quer dizer "enviado" ou "confiado". Nada mais é do que confiar a alguém uma responsabilidade.

Muitas pessoas, principalmente empreendedores, quando começam suas próprias atividades de forma pequena, acabam centralizando diversas tarefas. Conforme os negócios vão se desenvolvendo, as atividades também crescem e, com elas, as responsabilidades. Por isso, precisamos aprender a delegar!

Existem vários livros que podem apoiar esse processo com maior profundidade, mas gostaria de citar dois exemplos:

a. *Delegar tarefas com segurança,* de Jonathan Coates e Claire Breeze;
b. *O poder de delegar: aumente sua eficiência e melhore sua vida pessoal e profissional,* de Donna M. Genett.

Outra obra mostra como este tema intriga os autores da Administração há algum tempo. Em 1957, Donald A. Laird e Eleanor C. Laird começaram a tecer ideias importantes para os executivos da época. No livro *Técnicas de delegar*, eles mostram que delegar não significa, necessariamente, abdicar do controle das atividades, mas saber transferir e controlar o que os outros estão fazendo.

Podemos pensar que, na delegação, conjugam-se dois verbos importantes: centralizar e controlar. O primeiro vem no sentido de monopolizar a tomada de decisão, isto é, concentrar as atividades de tal forma que tudo tenha de passar por você; o segundo é apenas supervisionar ou fiscalizar o que o outro está fazendo. A maestria da gestão está em saber como conjugar esses verbos no dia a dia.

Donald e Eleanor Laird também citam: "[...] é bom, portanto, que se tenha um meio de conhecer quando e onde surge *a necessidade de delegação, a fim de providenciar antes que subdelegação precipite uma crise*" [10].

Uma das pesquisas com diversos executivos apresentadas em Técnicas de delegar mostra que 73% dos líderes bem-sucedidos delegavam suas atividades, isto é, estavam dispostos a deixar que os outros tomassem mais decisões, não somente eles. Esse tipo de atitude faz com que as empresas cresçam mais rapidamente que os concorrentes.

Com tudo isso em mente, preparamos algumas dicas adicionais sobre como delegar:

a. Pense melhor em como controlar e não centralizar: preocupe-se em saber o que está ocorrendo com seus funcionários sem necessariamente ter que monopolizar todas as decisões que passam por eles;

b. Estabeleça controle para verificar sua delegação: isso pode ser feito através de alguma tecnologia existente no mercado ou com simples reuniões rápidas em que você consegue acompanhar e supervisionar as atividades e responsabilidades do time;

c. Mantenha o controle sobre as decisões capitais: nossa sugestão é que, inicialmente, você mantenha o controle sobre as decisões fundamentais no seu estabelecimento ou extremamente relevantes (de alto risco) para o seu negócio. A pesquisa da GfK indica que "saber comprar bem" é um aspecto

---

10. LAIRD, Donald; LAIRD, Eleanor. Técnicas de delegar. Nova York: MC Graw Hill Books Company, 1957. p.31.

muito valioso para o Mercado de Vizinhança e, portanto, pode ser um ponto que o gestor pode centralizar por um bom tempo;

d. Analise o perfil do colaborador que receberá a tarefa: aqui está uma função muito importante da responsabilidade do gestor, que é: identificar o perfil adequado das pessoas para quem vai delegar as atividades. Um funcionário com altas habilidades operacionais e tarefeiras não está necessariamente preparado para assumir qualquer responsabilidade ou função dentro de uma determinada área. Às vezes, precisamos de pessoas com facilidade de relacionamento humano, além da parte operacional, para transferir nossas responsabilidades. Nosso papel como mentor desse processo é ter a perspicácia de entender as características dos colaboradores e colocá-los nas funções mais apropriadas;

e. Conceda a liberdade de ação: depois de definir o papel que o funcionário irá cumprir, devemos dar a devida liberdade de ação para que ele possa atuar da melhor forma possível, sem grandes interferências;

f. Esteja preparado para os fracassos: no Brasil, um dos aspectos para que os gestores não estão preparados é encarar o fato de que seus subordinados podem errar e fracassar. Porém, isso está vinculado, indiscutivelmente, à jornada da loja. Erros fazem parte do aprendizado e do aprimoramento dos colaboradores. Prepare-se!

g. Esteja preparado também para o sucesso: muitas vezes, temos notícias positivas sobre colaboradores que obtiveram muito sucesso na sua empreitada, com uma performance maior e melhor do que os próprios gestores. Nesse caso, comemore com todos!

h. Mesmo delegando, a responsabilidade final ainda é sua: por último, saiba que, mesmo delegando uma série de atividades para outra pessoa, a responsabilidade final da empresa é do gestor e não pode ser terceirizada.

Com todas essas dicas, vamos para um caminho de descentralização e delegação de nossas responsabilidades.

Delegar é importante pensando também em outras situações, porque, afinal, não somos eternos. Nossa substituição vai ocorrer por forças naturais, conforme for o nosso desejo (ex.: férias) ou por fatores externos e eventuais, como doença, idade ou aposentadoria etc. O quanto antes começarmos a delegar, melhor será para o crescimento sustentável de nosso estabelecimento.

Vamos delegar, mas sem deixar de controlar

Apesar da importância de ter um relacionamento humanizado na empresa, independentemente do porte, sabemos também que é relevante manter o controle administrativo no que diz respeito aos custos com colaboradores. Isso não quer dizer cuidar de todas as etapas das operações de Recursos Humanos.

Assim, gostaria de aproveitar para compartilhar algumas informações e aprendizados que podem ajudar os gestores nesse controle.

Quantidade de funcionário por loja e investimentos

É uma verdadeira ginástica tentar definir um padrão de quantidade de funcionários que devemos ter numa loja. As variáveis que impactam nesse resultado são muitas: tamanho do estabelecimento, faturamento total, quantidade de itens, número de *checkouts*, fornecedores, organograma definido pelos gestores, tipos de serviços oferecidos internamente (ex.: padaria, açougue), se teremos apoio ou não de alguns distribuidores ou fabricantes, estoque etc.

Porém, podemos olhar para a média do mercado e saber se estamos muito distantes ou próximos dela, o que já nos dá uma perspectiva de comparação.

A seguir, apresentamos um resumo da média geral obtida em centenas de entrevistas no Mercado de Vizinhança realizadas pela GfK. Vale a pena comentar que essas quantidades não tiveram muitas variações nos diversos anos em que os estudos foram realizados. Além disso, o número de funcionários não inclui o próprio respondente da pesquisa, isto é, o gestor responsável pela loja; são somente os colaboradores.

Número de funcionários

CHECK OUT	FUNCIONÁRIOS (média)
Um	4
Dois	8
Três	14
Quatro	21

Fonte: Pesquisa Mercado de Vizinhança GfK, 2019.

Considerando os perfis de gestores apresentados nos capítulos anteriores, também observamos diferenças significativas em relação à equipe: "Zé, lápis na orelha" (6 funcionários), "Ana, a generosa" (13 funcionários), "João, do meu jeito" (14 funcionários) e "Tom, o bom gestor" (27 funcionários).

A principal justificativa para entendermos essas variações é o porte das lojas. Em um extremo, temos o Zé, com uma loja de 120m² a 220m² (um a dois *checkouts*) e que opera de 2.450 a 6.200 SKUs. No outro, o Tom, com estabelecimentos maiores, de 310m² a 400m² (três a quatro *checkouts*) e um mix de 8.800 a 10.200 SKUs[11].

---

11. Fonte: Pesquisa Mercado de Vizinhança GfK, 2019.

Além do total de SKUs e do número de funcionários por loja, temos de cuidar também do percentual (%) gasto com funcionários, que foi explorado no capítulo 3. Com isso, podemos gerar indicadores para controle da gestão:

a. Quantidade de funcionários da loja (contratados);
b. Média dos valores gastos com o pagamento de colaboradores;
c. Percentual gasto com salários e benefícios.

> **Dica:**
> Pense em como levantar e atualizar os índices periodicamente. Com isso, você poderá tomar algumas decisões para ajustar o rumo dos gastos com funcionários.

No próximo capítulo, continuaremos nossa jornada olhando para outro ser humano essencial para o nosso negócio: o cliente.

Resumindo os aprendizados

✓ Os colaboradores têm importância crucial para a continuidade e o crescimento do nosso empreendimento;

✓ A vida profissional é caracterizada tanto pelo aspecto humano como pelo aspecto divino. É importante considerar esses dois pontos junto às pessoas que trabalham conosco;

✓ Ser menos paternalistas e mais mentores dos nossos subordinados;

✓ Ter uma relação de confiança e transparência com os funcionários;

✓ É fundamental treinar e dar capacitação contínua ao nosso time;

✓ Sempre dar feedback, estimulando o trabalho em equipe;

✓ Compartilhar as vivências e experiências como gestor de forma prática e didática com os colaboradores;

✓ Saber elogiar e estimular a boa performance;

✓ Respeitar a privacidade, a diversidade e a família dos colaboradores. Isto é fundamental!

✓ Nunca deixar de exigir dos funcionários as funções e tarefas que foram estabelecidas;

✓ Construir um clima alegre e otimista na sua empresa;

✓ Faça reinar a ética e os bons valores dentro da organização;

✓ Seja você, gestor, o modelo a ser seguido e copiado;

✓ Aprender a delegar e abrir mão de centralizar, mas não de controlar;

✓ Conhecer bem o perfil das pessoas para quem vai delegar as atividades;

✓ Estar preparado para os fracassos e sucessos da descentralização;

✓ Definir índices sobre gastos com funcionários.

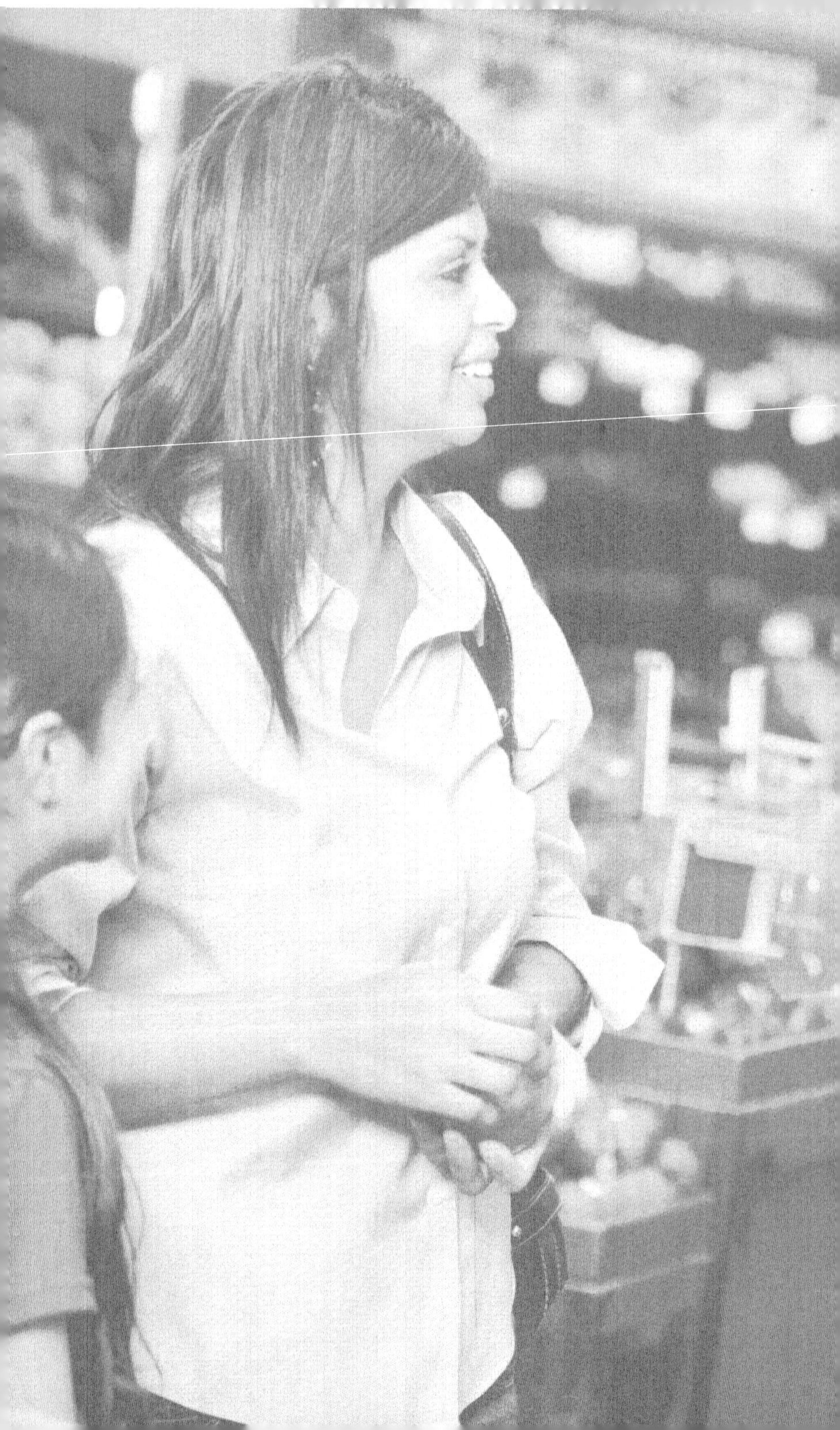

CAPÍTULO 5

UMA VISÃO MAIS HUMANA DE NOSSO CONSUMIDOR

Como profissionais do varejo, estamos, a todo o momento, tentando desvendar o complexo comportamento dos clientes para atender aos seus desejos e promover uma experiência de compra satisfatória. No final do dia, percebemos que o consumidor é um ser humano com sentimentos, problemas, alegrias, manias. Gente como a gente.

Dissemos, anteriormente, que o CPF do gestor se aproxima, ou até se confunde, com o CNPJ do estabelecimento, fazendo com que uma relação que deveria ser de negócios acabe se tornando parte de sua vida pessoal.

Ampliando esse raciocínio, podemos dizer então que, no Mercado de Vizinhança, o CPF do gestor se aproxima do CPF do consumidor da loja.

Ao implementar quaisquer estratégias na loja, podemos construir relacionamentos duradouros com os clientes, proporcionando não apenas transações comerciais, mas experiências significativas por causa dessa relação entre CPFs.

**Mercado de Vizinhança:
em busca da satisfação do consumidor**

Muito tem se falado sobre como satisfazer os clientes e mantê-los fiéis ao longo do tempo ou, no melhor dos casos, para que comprem cada vez mais. Muitos estudos foram feitos e sinalizam que é muito mais caro conquistar um cliente novo do que manter o cliente atual. Por isso, vale a pena pensarmos um pouco sobre a satisfação do consumidor.

> **"Os consumidores nunca compram produtos ou serviços. Compram algo que transcende essas designações. E é esse algo que ajuda a determinar de quem compram e quanto pagam"**. (Theodore Levitt)

Durante um bom tempo, tive a oportunidade de estudar e pesquisar uma ferramenta para medir a qualidade dos serviços, chamada Servqual, que provém da Teoria dos GAPs, desenvolvida em 1985 por Parasuraman, Zeithaml e Berry. Esses pesquisadores tinham o objetivo de encontrar uma forma de medir a qualidade de um fornecedor de serviços, mensurando a lacuna entre as expectativas do cliente e suas percepções a respeito de um determinado serviço ou produto. As expectativas do cliente são construídas com base em experiências passadas vividas, no "boca a boca" e nas necessidades pessoais. Na avaliação do consumidor, era o que tinha ocorrido no momento mais recente, principalmente na última compra.

Toda a teoria desses autores tinha como foco superar as expectativas, gerando um alto resultado de satisfação, a excelência. O conceito se baseava, principalmente, entre as percepções (realidade) versus expectativa (o que se esperava) na prestação de serviços aos consumidores. Quanto mais positivo esse GAP, mais fiel seria o cliente final.

> **Dica:**
> É muito relevante entender quais são as expectativas dos clientes, pois assim saberemos atuar em percepções.

Este contexto nos leva a pensar em alguns pontos para melhorar o conhecimento sobre o cliente e entender o que ele espera de nossos produtos e serviços. Tente sempre medir esses pontos para corrigir a rota.

Lembre-se: o que não pode ser medido não pode ser melhorado!

Conhecendo as razões de compra do nosso cliente

Quanto mais conversamos com os clientes, percebemos que há diferentes razões – internas ou externas – para que comprem em nosso estabelecimento. Sem ter a pretensão de exaurir todos os motivos possíveis e plausíveis de compra, cito diversas explicações para que o cliente vá até o estabelecimento comprar seus produtos.

1. Proximidade da loja e fácil acesso: uma boa parte dos clientes do Mercado de Vizinhança compra nas lojas por causa da proximidade em relação à sua casa, ao trabalho, à escola das crianças etc. A comodidade do canal é oferecer fácil acesso e praticidade;

2. Demografia: existem diversas razões que podem impactar a compra, tais como: idade, tamanho da família, raça, gênero e religião etc, fazendo com que os consumidores se sintam mais à vontade em determinado estabelecimento;

3. Aspectos socioeconômicos: a renda também é um grande vetor de compra. As pessoas aprendem, ao longo do tempo, sobre os preços, inclusive em diferentes supermercados. Com isso, elas adaptam sua renda ao tipo de estabelecimento onde conseguem pagar. Se é a compra de abastecimento mensal, normalmente os consumidores já têm em mente cerca de quatro ou cinco lojas diferentes em que sabem que poderão comprar os produtos;

4. Preço mais barato/promoção/oferta: existe um perfil de cliente que busca de forma exaustiva os preços mais baratos em diferentes lojas. Não são clientes fiéis, mas oportunistas, conforme as ofertas que encontram;

5. Pesquisa de preços: neste caso, são clientes que estão pesquisando preço e acabam comprando poucos produtos para justificar suas visitas à loja. Porém, estão fazendo nada além de uma pesquisa de preço para identificar novas lojas mais baratas;

6. Hábito de comprar na mesma loja: é interessante observar que alguns consumidores gostam de manter a rotina na mesma loja por uma simples questão de hábito, pois não gostam de ficar fazendo trocas de estabelecimento. Alguns clientes apenas compram em determinadas lojas por causa do grupo de referência (ex.: amigos, vizinhos) com quem convivem;

7. Layout e exposição dos produtos: é muito comum ter consumidores (ex.: homens) que costumam comprar no mesmo estabelecimento porque já conhecem onde estão expostos os produtos que serão adquiridos. Este é um processo racional que ajuda o cliente a agilizar as compras naquele momento da verdade (eles não gostam de perder tempo fazendo compras). Às vezes, não é só pela identificação do local do produto ou das categorias, mas também das marcas que normalmente são encontradas na gôndola, o que também facilitará e muito a escolha do produto no momento das compras;

8. Alto nível de satisfação: os consumidores que têm alto grau de satisfação com a loja costumam voltar com muita frequência, pois se sentem muito bem naquele ambiente. Isso acaba estimulando também a compra em maiores volumes com o passar do tempo;

9. Propaganda: qualquer tipo de marketing que possa divulgar o estabelecimento apoiará a vinda de novos consumidores ou intensificará a frequência daqueles que já visitam a loja. A propaganda estimula a visitação, ainda mais se for apoiada na promoção de produtos e ofertas;

10. Produtos e marcas específicos: vale a pena ressaltar que, em alguns momentos, os clientes virão até a loja com intuito de adquirir produtos específicos, como é o caso de pães, bebidas importadas, marcas específicas, carne, FLV (frutas, legumes e verduras) em promoção, queijos, vinhos etc. Embora a loja do Mercado de Vizinhança seja de menor porte, podemos, sim, ter essas pequenas surpresas (que podem ser em dias específicos) para os clientes;

11. Compra por impulso: no Mercado de Vizinhança, temos diversos clientes que acabam fazendo a experimentação de compra por uma necessidade imediata ou de impulso. Como é um estabelecimento que está próximo do cliente, existe a possibilidade de ele comprar se estiver passando na frente da loja e perceber alguma promoção ou, simplesmente, se sentir a necessidade de adquirir algo (por exemplo, um doce ou *snack*);

12. Atendimento: o relacionamento humano, traduzido pelo bom atendimento dos funcionários, é outro grande fator de fidelização dos clientes atuais. Os clientes retornam por causa das relações humanas que vão desenvolvendo ao longo do tempo!

13. Estacionamento: nas pesquisas que desenvolvemos, percebemos que as lojas que estão em áreas urbanas ganham mais atenção dos clientes quando possuem uma área reservada para estacionamento, isto é, o cliente volta com maior frequência por causa do lugar para deixar o carro. Pense nisso!

14. Valores transmitidos pela empresa: no Brasil, temos notado, recentemente, um movimento de se aproximar ou rejeitar produtos, marcas, empresas ou lojas etc., que transmitem, nas suas comunicações, valores que estão ou não de acordo com aqueles valores que queremos para nós, nossas vidas e famílias. Esse movimento que, após a pandemia de 2020, começou a polarizar muitas pessoas está sendo levado também para os momentos de compras dos consumidores. Então, atenção aos valores que você está transmitindo na comunicação do seu estabelecimento junto aos clientes finais.

Com tudo isso, o Mercado de Vizinhança vem quebrar o conceito de que os consumidores são perfeitamente racionais em suas decisões de compra. A relação humana que existe entre o consumidor e o estabelecimento (e outras razões internas e externas já citadas) faz com que a racionalidade se distancie de algo totalmente objetivo e o consumidor seja influenciado por muitos aspectos subjetivos.

Aproveite os momentos que você estiver conversando com os seus clientes ou funcionários da linha de frente que trocam impressões com o consumidor para aprender e entender quais são as razões que fazem com que eles não só visitem, mas também comprem e se tornem fiéis ao estabelecimento.

Gaste tempo batendo papo com seus clientes! Tome um cafezinho com eles!

Aliás, como vimos no primeiro livro desta coleção, é válido entender a missão de compra (reposição, abastecimento, consumo imediato etc.) do consumidor, ou seja, o propósito que ele tem quando se dirige até a loja, que pode ser buscar o pãozinho pela manhã ou comprar itens para um churrasco. Entender esse propósito é desvendar um pouquinho do complexo comportamento do consumidor.

Dicas para aumentar a satisfação do cliente

Aproveitamos esse momento de reflexão sobre o consumidor para trazer mais sugestões que podem agradá-lo e torná-lo cada vez mais fiel ao estabelecimento:

1. Ter uma loja limpa: parece algo básico, mas isso é essencial no varejo, pois quanto mais o consumidor vir que a loja está limpa, maior será a percepção de que os gestores e/ou funcionários cuidam com esmero para que tudo funcione bem. Um efeito parecido ocorre, por exemplo, quando olhamos para uma pessoa que está bem vestida, arrumada e perfumada. A nossa perspectiva sobre ela muda completamente, de forma positiva. Não deixe de incluir também a limpeza do banheiro, com perfume!

2. Boa aparência externa: da mesma forma que falamos da parte interna da loja, a aparência externa, a fachada, também deve ser muito bem cuidada, para causar uma impressão positiva nos consumidores;

3. Gôndolas, caixas e produtos organizados: vale sempre a pena ter funcionários que possam deixar a loja organizada para que os clientes encontrem os produtos facilmente;

4. Iluminação: lojas com boa iluminação ajudam a aumentar as vendas. A boa iluminação traz a sensação de limpeza!

5. Gerenciamento por Categoria (GC): é a forma de dispor os produtos na gôndola de modo que o cliente consiga encontrar aquilo que mais lhe interessa de maneira simples e fácil. Isso ajuda a vender mais e a evitar as rupturas. Distribuidores ou fabricantes podem ajudar a definir a melhor disposição dos produtos nas prateleiras;

6. Promoções bem visíveis: além de ter promoções e ofertas, é importante que elas estejam visíveis. Uma exposição bem-feita na entrada da loja ou nos corredores traz um retorno alto de vendas para o consumo de impulso;

7. Materiais de ponto de venda (MPDV): as vendas também podem aumentar quando conseguimos dosar de forma criteriosa esses materiais, como cartazes, infláveis, pontos de gôndola e geladeira no *checkout*, além de promotores;

8. Abastecimento de produtos: recomendamos que o abastecimento da loja seja feito de tal forma que não deixe espaços vazios, porque isso pode gerar uma percepção de descaso junto aos consumidores. O abastecimento contínuo diminui a ruptura e aumenta as vendas;

9. Presença nas redes sociais: esteja presente nas redes sociais para interagir com os clientes. Responda a comentários, compartilhe histórias sobre sua empresa e crie uma comunidade *on-line*. Se for possível, também faça vendas utilizando as diversas tecnologias disponíveis no momento;

10. Acompanhamento pós-venda: se sua loja utiliza algum recurso de vendas de forma on-line, faça um acompanhamento pós-venda para garantir a satisfação do cliente. Isso pode incluir ligação, e-mail ou mensagem para verificar que tudo esteja conforme as expectativas;

11. Educação sobre produtos: forneça informações detalhadas sobre os produtos que você vende. Isso ajuda os clientes a tomar melhores decisões e demonstra seu conhecimento no setor. Vários distribuidores, atacadistas ou fabricantes podem te ajudar com esses materiais com as devidas informações;

12. *Delivery*: o Mercado de Vizinhança possui a peculiaridade de facilitar a entrega dos produtos na casa ou no trabalho dos clientes. Esse diferencial é um aspecto extremamente positivo para competir com os demais estabelecimentos, porque os clientes cada vez mais querem conveniência e comodidade. Aproveite!

13. Parcerias locais (social): estabeleça parcerias com outros negócios locais. Isso pode fortalecer os laços com a comunidade e oferecer benefícios exclusivos para os clientes;

14. Rapidez no caixa: o cliente não quer perder tempo, por isso as filas precisam ser pequenas e rápidas. Analise as diferentes tecnologias que podem ser implantadas no *checkout* e que farão com que o tempo dispensado na fila seja o menor possível. Vale e pena ter um caixa "coringa", que possa apoiar nos momentos de maior fluxo dos clientes, e também um empacotador;

15. Funcionários disponíveis: é bom ter funcionários para apoiar as compras dos consumidores, inclusive, podem ser os mesmos que fazem a reposição dos produtos. Os clientes normalmente têm dúvidas e questionamentos sobre os produtos ou a localização deles e os funcionários poderão apoiar de forma rápida;

16. Equipe atenciosa e prestativa: contrate pessoas que tenham um perfil atencioso e prestativo (lembre-se do otimismo e da alegria!), ou seja, que tenham espírito de serviço por natureza ou que tenham recebido treinamento para isso;

17. Programas de fidelidade: criar programas de fidelidade que recompensem os clientes por suas compras frequentes pode ser uma forma de presentear os consumidores mais fiéis. Isso pode incluir descontos, brindes ou pontos acumulados para trocas futuras;

18. Brindes e agrados surpresa: ofereça brindes ou pequenos agrados aos clientes. Isso pode ser uma forma simples de expressar gratidão e incentivar a fidelidade. Em alguns momentos, que tal presentear os clientes da manhã com um café da manhã?

19. Realizar eventos especiais ou promoções exclusivas para clientes regulares cria um senso de comunidade e faz com que os clientes se sintam valorizados.

Ao implementar essas diversas estratégias e táticas, você pode construir relacionamentos duradouros com os clientes no Mercado de Vizinhança, proporcionando não apenas transações comerciais, mas também experiências significativas que transformarão os clientes em leais e verdadeiros "advogados".

> **A responsabilidade por implantar as ações relativas ao cliente são de todos os colaboradores da loja, principalmente os que estão na linha frente do atendimento, e não só do gestor principal, que deve ser o responsável por motivar e dar exemplo.**

Trabalhar para melhorar a experiência e aumentar a satisfação do cliente é um esforço diário do varejo, a fim de criar um relacionamento humanizado com os clientes. O contato direto com o consumidor, o olho no olho, aquela conversa cordial são os grandes diferenciais do Mercado de Vizinhança. Continue apostando nisso.

Resumindo os aprendizados

✓ No Mercado de Vizinhança, o CPF do gestor se aproxima do CPF do consumidor. Invista nessa conexão para criar uma vantagem competitiva;

✓ As atitudes que os varejistas devem praticar com os clientes podem servir como impulso para melhorar o relacionamento humano;

✓ É muito mais caro conquistar um cliente novo do que manter o atual. Por isso, crie estratégias para aumentar a satisfação do consumidor;

✓ Entender as expectativas dos clientes é fundamental para melhorar a oferta de produtos e serviços e fazer ajustes quando necessário;

✓ Reservar um tempo para conversar com os clientes, com o objetivo de conhecer a missão de compra e os fatores que o atraem para a loja, que podem ser: variedade de produtos, proximidade, preço, promoções e até mesmo os valores praticados pelo estabelecimento;

✓ Os clientes também valorizam aspectos como loja limpa, gôndolas organizadas, iluminação adequada e atendimento rápido;

✓ Ter uma equipe de funcionários disponíveis para ajudar o consumidor a encontrar produtos e tirar dúvidas, sempre de maneira atenciosa e gentil;

✓ Apostar em serviços como o delivery, porque os clientes, cada vez mais, querem conveniência;

✓ Pequenas melhorias na loja e atenção aos detalhes na operação podem aumentar o nível de satisfação dos clientes. Aproveite as dicas para implantar no seu estabelecimento!

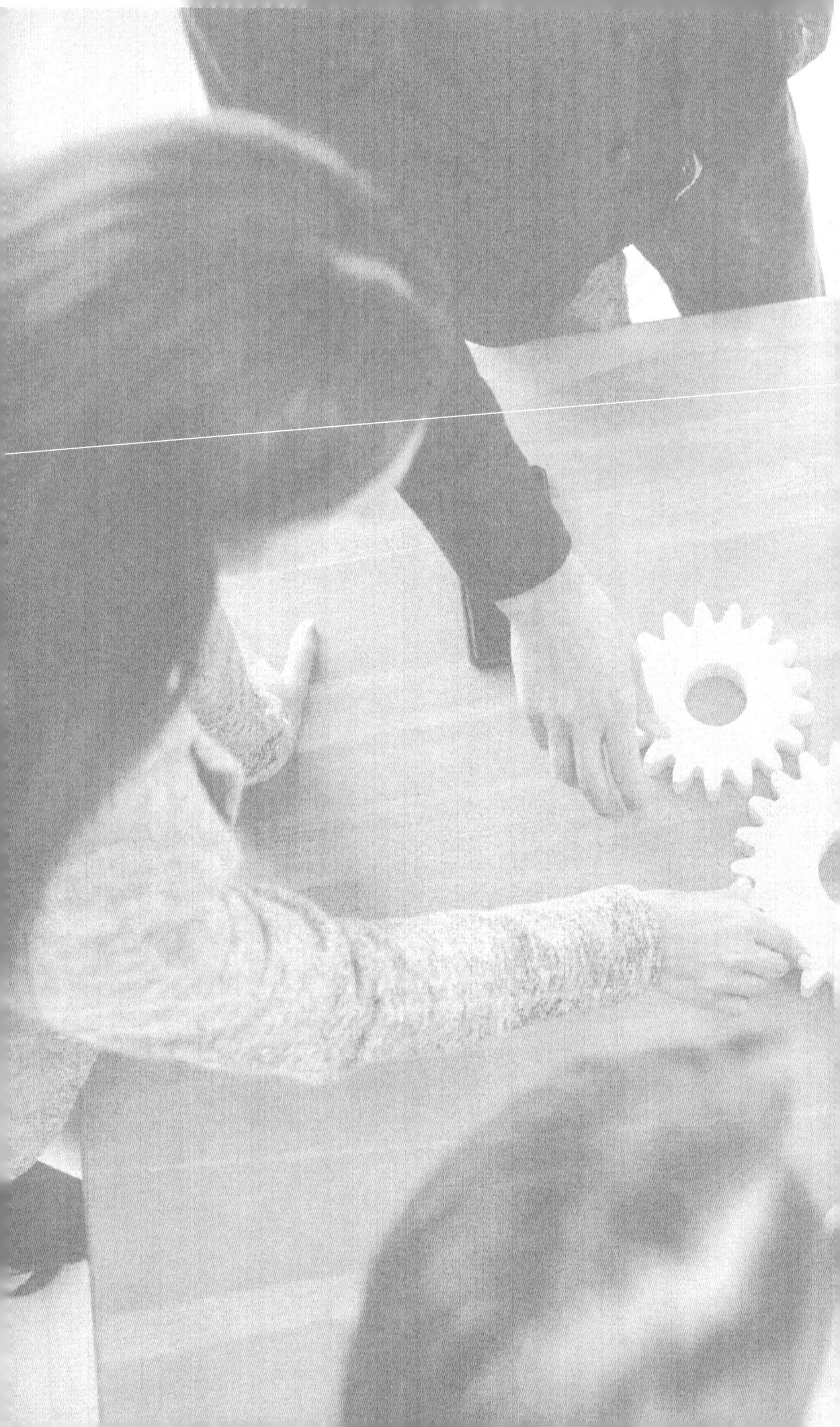

CAPÍTULO 6

PASSANDO O BASTÃO E PLANEJANDO A SUCESSÃO FAMILIAR

Nos capítulos anteriores, falamos sobre a importância de delegar e implementar uma gestão descentralizada do estabelecimento. Esses são apenas os primeiros passos rumo a um projeto maior: a sucessão.

Como neste livro nosso foco é o relacionamento humano, acreditamos que é importante parar um pouco para refletir sobre a continuidade dos negócios, preparando o caminho para os novos gestores.

Sabemos que não somos eternos e o controle do estabelecimento deverá ser transferido para outra pessoa de forma completa, ou até mesmo em situações imprevistas e temporárias, como uma doença que nos impeça de continuar por algum tempo à frente dos negócios.

Não dá para se manter numa corrida olímpica todo o tempo; temos de passar o bastão em algum momento para o próximo que está à nossa frente, mesmo que de forma pontual. Acho que a prova de revezamento é um ótimo exemplo da nossa jornada no varejo, em que precisamos dar o nosso máximo quando estamos com o "bastão", tentando vencer a concorrência, e depois nos preparar para passá-lo da melhor forma possível para o corredor seguinte.

No entanto, esse tema ainda não é muito discutido pelos próprios gestores, pois, com tantas tarefas diárias, sobra pouco tempo para pensar e planejar o futuro.

O livro *A família empresária* destaca que a sucessão do fundador é fundamental para a continuidade do negócio e que esse processo tem características próprias em cada empresa. Portanto, precisa ser bem planejado e administrado, para não pôr em risco nem a família nem o negócio.

Desde o início, temos falado que, nos estabelecimentos do Mercado de Vizinhança, o CNPJ se confunde com o CPF. Não podemos esquecer que atrás do CPF do gestor existe uma família que acaba por, no mínimo que seja, se envolvendo com os negócios. Por isso, vamos falar sobre a continuidade do estabelecimento com um novo gestor, principalmente sendo alguém da própria família.

O Mercado de Vizinhança está se preparando para este tema?

As inúmeras pesquisas realizadas ao longo de mais de uma década pela GfK sempre indicaram que uma parte dos varejistas estava se planejando para transferir seus negócios para outra pessoa.

A imagem a seguir mostra que quase 1/3 dos entrevistados diziam que estavam preparando uma pessoa para substituí-los. É importante destacar que esse dado não é específico sobre o tema da sucessão familiar, mas refere-se a qualquer pessoa (interna ou externa à família) sendo preparada para substituir o atual gestor.

Profissionalização deste varejista
Sucessão na pauta de prioridades...

30%
- ESTÃO PREPARANDO SEUS FUNCIONÁRIOS PARA ASSUMIR O NEGÓCIO.
- EM 2013 ESTE PERCENTUAL ERA DE 23%.

Fonte: Pesquisa Mercado de Vizinhança GfK, 2019.

De acordo com a pesquisa da GfK, este percentual é maior entre os gestores com mais de 60 anos de idade (43%) e nas lojas com quatro checkouts (próximo de 40%). Esses números foram confirmados em 2021, quando a versão mais atualizada deste estudo foi reapresentada.

Com isso, percebemos que uma parte dos gestores já está se questionando sobre a continuidade de sua loja. No entanto, cerca de 70% ainda não colocaram essa pauta em sua agenda. É aqui que mora o principal problema: o dono do negócio precisa querer fazer a sucessão para que ela de fato aconteça, como bem colocado no livro A família empresária.

Segundo o Sebrae, é de extrema importância elaborar o plano de sucessão e, para ter sucesso nesse processo, é necessário que o empreendedor pense no futuro. Quando chegar o momento de se aposentar ou caso ocorra algum incidente, quem será a pessoa a tomar a frente do negócio?

> **Dica 1:**
> Dedique um tempo de sua rotina exclusivamente para pensar (sozinho ou com o apoio de mais alguém) em como seria a continuidade sustentável da loja sem a sua presença. Vale a pena!

Assim, para apoiar os varejistas neste tema, vamos apresentar algumas ideias para preparar a "passagem de bastão" e a sucessão familiar.

> **Dica 2:**
> Neste tempo de planejamento, questione-se o quanto vale a pena incluir os membros da família nesse assunto e como isso deve ocorrer.

Preparando a "passagem de bastão"

Em razão de todo o envolvimento pessoal, profissional e emocional que o gestor tem com seu estabelecimento, algo que criado ao longo dos anos, este não é um tema fácil de ser colocado na agenda. Porém, o comprometimento com este assunto é a peça-chave para que tudo ocorra bem.

No livro *O papa e o executivo*, o autor Andreas Widmer fala sobre sua longa vivência com São João Paulo II e os aprendizados importantes que adquiriu para sua vida como executivo. Segundo Widmer, para se tornar um grande líder, é necessário aprender a abrir mão do ego e dos próprios caprichos. O líder não pode ter medo de enfrentar suas fraquezas. Pelo contrário, deve expor suas vulnerabilidades e pedir ajuda, mas para isso é preciso estar disposto a recorrer aos homens e a Deus.

Outro ponto importante é fazer o planejamento sucessório com antecedência, porque as chances de dar tudo certo aumentam de forma significativa. Afinal, haverá mais tempo para a preparação do sucessor, melhores condições de corrigir eventuais falhas e imprevistos que podem ocorrer no caminho [12].

Portanto, o ideal não é começar esse processo quando a liderança sofrer alterações. Com o planejamento adequado, é possível construir uma liderança forte, que analise os objetivos da empresa com bastante critério e que ajude o negócio a sobreviver às mudanças no mercado [13].

Um grande desafio é harmonizar as expectativas de todas as partes envolvidas, como podemos observar na imagem a seguir.

---

12. STEINBERG, Herbert; BLUMENTHAL, Josenice. A família empresária. Caieiras: Gente, 2011.

13. Disponível em: https://www.treasy.com.br/blog/sucessao-familiar. Acesso em: 15 mar. 2024.

O desafio está em harmonizar as Expectativas e Realidades de cada pessoal em seu devido papel perante a Empresa

- GESTOR: Pessoa que está envolvida na gestão
- Família ou Familiares: Qualquer familiar que pode ter direito
- CNPJ = Loja: A condição formal da Loja (contrato social)
- Mercado de Vizinhança

Fonte: o autor

Plano de sucessão

Por apresentar desafios únicos que requerem um planejamento cuidadoso, apresentamos algumas dicas e sugestões que podem ser úteis no momento de preparar os futuros líderes, que podem ser da própria família, colaboradores da loja ou gestores contratados no mercado.

1. Ter apoio de profissionais externos

Por razões emocionais e afetivas, pois a empresa acaba sendo uma parte da família, considere a possibilidade de pedir apoio externo para preparar a sucessão.

Muitas vezes, o melhor caminho para dar a direção correta em cada etapa deste momento de transição é contar com um profissional experiente neste tipo de contexto ou uma consultoria. Em geral, esses profissionais conseguem trazer uma visão mais ampla e abrangente de tudo o que está acontecendo dentro da organização, embora estejamos envolvidos diariamente com ela.

Especialistas independentes podem trazer uma perspectiva imparcial e experiência valiosa para o seu negócio!

Em alguns casos, pode haver a necessidade de criar um comitê consultivo que integre diferentes visões e papéis nessa etapa, como: advogados, consultores financeiros, contadores, controllers e outros.

2. Escolhendo o sucessor

Este é um dos momentos mais difíceis de um processo sucessório: a hora de escolher o novo gestor.

Num primeiro instante, é importante identificar as qualidades necessárias para o próximo gestor, isto é, descrever detalhadamente o perfil a ser escolhido e verificar a pessoa que mais se aproxima das características desejadas.

Para definir o perfil, é necessário considerar o planejamento estratégico da empresa, que servirá como um roteiro para o crescimento desejado e o desenvolvimento de competências e habilidades do futuro gestor. Com base nisso, os atuais proprietários podem identificar as qualidades e as iniciativas que buscam no próximo líder [14].

Segundo o Sebrae, um bom planejamento sucessório envolve: determinar quem terá participação acionária (ações) na empresa e quem assumirá o papel de liderança quando chegar o momento, sempre apoiado na estratégia que o proprietário deverá criar.

Com o planejamento definido e o perfil do sucessor, recomendamos que a escolha seja feita de forma mais objetiva, baseada em competências e habilidades do sucessor.

---

14. Disponível em: https://www.treasy.com.br/blog/sucessao-familiar. Acesso em: 15 mar. 2024.

Sabendo o tipo de pessoa a ser contratada, poderemos considerar a possibilidade de contratar tanto uma pessoa externa à companhia ou trazer para a administração um familiar que já esteja ou não envolvido com o gerenciamento da loja. Também podemos aproveitar um colaborador interno que já conhece todos os processos e tem experiência no varejo, aquele funcionário que sabe todo o histórico que já vivemos, que nos acompanhou na jornada de varejo e é o nosso braço direito.

Temos de procurar responder à seguinte pergunta: quem possui a melhor capacidade e perfil para administrar o nosso negócio de forma sustentável?

Na escolha do sucessor, procure preservar os valores e a cultura organizacional que fizeram a empresa bem-sucedida. Isso ajuda na continuidade e na aceitação por parte dos futuros colaboradores.

Apesar de não ser nosso foco neste livro, não esqueça que sua empresa pode ser vendida para alguém ou outra companhia, de tal forma que não exista mais esta possibilidade de sucessão, apenas de distribuição societária.

3. Manter transparência de comunicação com a família

Independentemente de o sucessor ser um parente, é muito importante que a família esteja ciente dos passos que o gestor/proprietário atual está dando na empresa em termos de sucessão. Quer queira ou não, a família se envolve – às vezes mais, às vezes menos – com esta empreitada e acompanha a trajetória do gestor/proprietário. E, claro, cria expectativas em relação a essa situação, mesmo que seja apenas em termos de participação acionária.

Por isso, sugerimos manter uma comunicação transparente com todos os membros da família, principalmente aqueles envolvidos no negócio, podendo esclarecer dúvidas, ajustar expectativas, definir os papéis claramente e, se for o caso, dar as devidas responsabilidades para eles desde o início. O melhor é garantir que todos os familiares sejam tratados de maneira justa e equitativa, evitando conflitos desnecessários.

O envolvimento da família é uma ótima oportunidade para avaliar honestamente as pessoas que desejam fazer parte da sucessão.

Um ponto fundamental: prepare-se para gerenciar conflitos familiares que podem surgir durante o processo de sucessão. Como dissemos, neste caso, faz toda a diferença estabelecer canais de comunicação abertos e que promovam a resolução construtiva de conflitos.

4. Edificando sucessores

Após a escolha de quem vai comandar a empresa em substituição ao gestor atual, é muito importante que tenhamos um plano para o desenvolvimento do sucessor. Esse processo, que pode ser feito de forma gradativa, deverá desenvolver o sucessor em potencial, seja ele familiar ou não, para que seja treinado e formado e viva a prática do negócio.

O novo gestor poderá aproveitar toda a experiência do dono/proprietário para ganhar vivência no varejo, caso ainda não tenha tido essa oportunidade. Sabemos, pelas pesquisas realizadas, que a experiência no varejo é um fator-chave para o crescimento dos negócios e, portanto, há muito a ser aprendido com a principal fonte da loja: o atual gestor/proprietário.

Assim, treinamento e formação também são pontos relevantes para ajudar no sucesso futuro e na continuidade da empresa. Por isso, é necessário fazer um planejamento a partir do perfil definido inicialmente, das capacidades e habilidades encontradas no sucessor. Identificando os desafios que o novo gestor precisará ganhar, definem-se os treinamentos, cursos e meios de formação necessários.

Em alguns casos, uma formação de nível superior é determinante para que se consiga conduzir o negócio. A razão é que a graduação proporciona uma visão abrangente e muito útil para solucionar problemas mais complexos, como nos casos em que a decisão deve ser embasada em princípios de gestão, técnicas e dados estatísticos, por exemplo.

Aproveite esse planejamento para pensar em um plano de contingência para situações inesperadas, como morte ou incapacidade do líder atual. Isso assegura que a empresa está preparada para lidar com imprevistos.

> **Dica**
> Estabeleça um acordo de sucessão formal, que documente os detalhes da transição. Isso pode incluir a transferência de propriedade, participação acionária, responsabilidades e diretrizes para o futuro.

5. Acompanhamento contínuo e avaliação

Não se esqueça de realizar uma verificação contínua de como todo o processo está caminhando. "Realize avaliações periódicas do processo de sucessão e ajuste conforme necessário. O ambiente de negócios está sempre mudando e a sucessão deve ser adaptativa"[15].

---

15. Fonte: Chat GPT 3.5. "Gestão no Mercado de Vizinhança". Acesso em: 17 jan. 2024.

6. Vantagens de um negócio ainda em família

Citamos, anteriormente, a possibilidade de escolher qualquer pessoa (interna ou externa à família) para realizar a "passagem de bastão"; porém, existem algumas vantagens quando a gestão da empresa continua dentro da família: comprometimento, transmissão de conhecimento e confiabilidade[16].

Em relação ao comprometimento, a tendência é que a família seja mais comprometida com o crescimento do negócio e reinvista a maior parte dos lucros pensando no longo prazo. Quando o gestor tem a preocupação de inserir os herdeiros enquanto ainda são jovens no contexto da empresa, aumenta ainda mais o compromisso desses membros da família com o negócio.

No que diz respeito à transmissão do conhecimento, a prioridade nas empresas familiares, é ensinar às futuras gerações as habilidades e as experiências acumuladas pelos gestores mais experientes.

Já a confiabilidade está relacionada ao fato de que o nome e a reputação da família estão associados à loja, aos produtos e aos serviços. Assim, há um esforço dos membros da família para aumentar os resultados e manter um bom relacionamento com parceiros, clientes, fornecedores, funcionários, comunidade e outros. Tudo isso tem impacto nos resultados.

Em nossa opinião, e considerando que estamos falando de um empreendimento de pequeno porte do Mercado de Vizinhança, é até natural que apareçam novos herdeiros ou familiares mais distantes interessados em dar continuidade a um empreendimento que já começou e demonstra sustentabilidade ao longo do tempo.

Com isso, o comprometimento e a confiabilidade são valores de extrema relevância para dar continuidade aos negócios.

---

16. Disponível em: https://www.treasy.com.br/blog/sucessao-familiar/. Acesso em: 15 mar. 2024.

7. Procure suporte emocional durante esta etapa, se for necessário

Os herdeiros de negócios familiares carregam uma grande responsabilidade. Além da comparação com os feitos passados, eles podem conviver com o peso do sucesso ou crescimento que o gestor anterior teve, gerando a expectativa de ter um desempenho igual ou melhor que o antecessor.

Essa expectativa pode dificultar o processo, trazendo consequências pessoais (até psicológicas!) para o novo sucessor, gerando ansiedade, preocupação, estresse, agonia, receio, apreensão etc.

Por isso, ter uma rede de apoio é fundamental para superar os desafios. Inicialmente, o suporte pode ser encontrado nos próprios familiares e, até mesmo, junto aos líderes mais experientes da organização. No entanto, não descarte opções externas, como aconselhamento profissional, coaching e psicólogos.

8. Faça uma imersão no mercado

É importante que o herdeiro ou sucessor familiar esteja maduro o suficiente quando chegar o momento de "tomar as rédeas". Nesse sentido, a vivência de mercado será determinante para oferecer a experiência e a prática profissional, desenvolvendo, principalmente, o lado comportamental.

Muitas empresas conseguem fazer com que seus pupilos passem por experiências em outras organizações similares ou de ramos muito próximos para que possam ganhar experiência no dia a dia da operação e venham mais preparados para ser gestores.

Se não for possível esse tipo de aprendizado externo, no mínimo, vale a pena o sucessor visitar diferentes estabelecimentos similares (e concorrentes também) e começar a formar suas próprias experiências e vivências. Outra sugestão é participar de eventos em associações de supermercadistas, feiras, congressos, encontros com indústrias, workshops e demais eventos, para ter a oportunidade de "respirar" o ambiente de varejo e sua complexidade, extraindo novos aprendizados. Formação nunca é demais!

9. Delegue responsabilidades antes da sucessão

De acordo com o Sebrae, a sucessão familiar na empresa deve ser gradual e, por esse motivo, o mais indicado é negociar uma parte das responsabilidades de gestão por etapas até a transição completa. Além disso, se possível, o antigo proprietário pode compor um conselho de administração definitivo ou temporário para acompanhar os passos do herdeiro ou sucessor à frente dos negócios.

Outro motivo para evitar uma mudança repentina é conquistar a adesão dos colaboradores também de forma gradativa. Quanto mais radical for a intervenção, maior será a resistência interna ao novo líder. Assim, o mais indicado é assumir aos poucos e preservar muitas das práticas internas. Fazer a transição de forma mais suave é uma maneira de mostrar respeito pelos funcionários, facilitando a relação do time com o futuro chefe. Com a consolidação da liderança, eventuais mudanças podem ser introduzidas e serão assimiladas com mais facilidade pelas equipes.

10. *Holding* familiar

A sucessão familiar pode ter vários aspectos legais e formais, um deles citado por vários especialistas, principalmente advogados: a possibilidade de criar uma *holding* familiar.

Trata-se de uma forma jurídica de controlar e cuidar do patrimônio de pessoas de uma mesma família, aproveitando os bens para otimizar o pagamento de impostos. Também pode-se apoiar no planejamento e nas regras de gestão no momento de pensar na sucessão familiar.

A *holding* familiar pode ser criada pelo fundador de um grupo para manter a maioria das ações com direito ao voto, permitindo a continuidade da empresa diante de herdeiros ansiosos por se beneficiar da morte do fundador. Sendo assim, a holding atua como um poder estabilizador.

A *holding* não é a solução definitiva da sucessão familiar, mas pode ser um apoio nesse processo.

As ideias apresentadas servem para um direcionamento da sucessão de seu varejo, para que tudo ocorra de maneira suave e a gestão seja comandada pela pessoa mais preparada para o cargo.

Com este tema, chegamos ao fim da nossa jornada de desenvolvimento humano no Varejo.

Amigo varejista, esperamos que você possa continuar navegando seu barco, ou melhor, sua loja mais fortalecido e apoiado em relacionamentos saudáveis e duradouros com herdeiros, colaboradores, clientes e demais parceiros.

Esperamos encontrar você no próximo volume desta coleção, que falará sobre os novos desafios e horizontes do Mercado de Vizinhança.

Resumindo os aprendizados

✓ Começar o processo sucessório com antecedência;

✓ Considerar ter apoio de profissionais/consultores externos;

✓ O grande desafio é escolher o sucessor, seja ele um membro da família, seja um profissional de sua confiança e com experiência no varejo;

✓ Manter a transparência de comunicação de todo o processo de sucessão com a família;

✓ Preparar o sucessor, estimulando que desenvolva seu potencial em cursos, treinamentos, vivência na própria loja e ensinamentos do dono/proprietário. Proponha que ele faça uma imersão no mercado;

✓ Fazer o acompanhamento contínuo e a avaliação do novo gestor escolhido;

✓ Dar suporte emocional ao sucessor durante a etapa de transição;

✓ Delegar responsabilidades antes da sucessão, para que o novo gestor tenha contato com os desafios diários do negócio e também com as equipes;

✓ Pensar na possibilidade de criar uma holding familiar.

Referências

Estudos
GFK. Estudo Mercado de Vizinhança, 2017.
GFK. Estudo Mercado de Vizinhança, 2019.
GFK. Estudo Mercado de Vizinhança, 2021.

Livros
ARONOVICH, Henrique; PROENÇA, Maria Cristina; VINIC, Richard. Varejo e clientes. Juiz de Fora: DS, 2004.

AZEVEDO, Hugo de. Uma luz no mundo. São Paulo: Quadrante, 2022. (Coleção Minha Biblioteca Católica).

CARNÉ, Domènec Melé. Empresa y economía al servicio del hombre: mensajes de San Juan Pablo II a los empresários y directivos econômicos. Pamplona: Universidad de Navarra, 1992.

CIFUENTES, Rafael Llano. Otimismo. São Paulo: Quadrante, 2016. (Coleção Virtudes).

COATES, Jonathan; BREEZE, Claire. Delegar tarefas com segurança. São Paulo: Você S.A./Nobel, 2000.

DOUTRINA SOCIAL DA IGREJA. - Publicado inicialmente pelo Pontifício Conselho Justiça e Paz, da Santa Sé, a pedido do então Papa João Paulo II, e aperfeiçoado pelos demais Papas. Vaticano, Itália, 2004. Disponível em: https://tinyurl.com/doutrina-social. Acesso em: 15 mar. 2024.

ESCRIVÁ, São Josemaría. Caminho. São Paulo: Editora Quadrante, 1999.

GENETT, Donna M. O poder de delegar: aumente sua eficiência e melhore sua vida pessoal e profissional. 19.ed. Rio de Janeiro: Best Seller, 2006.

HAVARD, Alexandre. Virtudes & liderança. São Paulo: Quadrante, 2011. p.79; 93; 171.

HUNTER, James C. O monge e o executivo. Rio de Janeiro: Sextante, 1989.

JOÃO Paulo II, Papa. Carta Encíclica Laborem Exercens. Vaticano, 1981.

LAIRD, Donald; LAIRD, Eleanor. Técnicas de delegar. Nova York: MC Graw Hill Book Company, 1957.

LEÃO XIII, Papa. Carta Encíclica Rerum Novarum. Vaticano, 1891.

LIMA, Marco Aurélio. Mercado de Vizinhança: como fazer a gestão da minha loja. São Paulo: Poligrafia, 2023.

MANDELLI, Pedro. Muito além da hierarquia. Caieiras: Gente, 2001.

MATTAR, Fauze Najib. Administração de Varejo. Rio de Janeiro: Campus, 2011.

PARENTE, Juracy; BARKI, Edgard. Varejo no Brasil: gestão e estratégia. São Paulo: Atlas, 2000.

PIEPER, Josef. Virtudes fundamentais. São Paulo: Cultor dos Livros, 2004.

STEINBERG, Herbert; BLUMENTHAL, Josenice. A família empresária. Caieiras: Gente, 2011.

WIDMER, Andreas. O papa e o executivo. Rio de Janeiro: Petra, 2017.

PARASURAMAN, A.; ZEITHAML, V.A.; BERRY, L.L. A conceptual model of service quality and its implications for future research. Journal of Marketing, Nova York, v.49, n.4, p.41-50, 1985.

Sites consultados

CAMARGO, Renata Freitas de. Sucessão Familiar: dicas para elaboração do Plano Sucessório e o papel do controller no planejamento. 22 jun. 2017. Disponível em: https://www.treasy.com.br/blog/sucessao-familiar . Acesso em: 22 jan. 2024.

CHAT GPT 3.5. "Gestão no Mercado de Vizinhança". Acesso em: 17 jan. 2024.

GOMES, Fernando. Como treinar o cérebro para ser mais otimista (e saudável). 11 set. 2019. Disponível em: https://saude.abril.com.br/coluna/com-a-palavra/como-treinar-o-cerebro-para-ser-mais-otimista-e-saudavel. Acesso em: 08 jan. 2024.

MARQUES, José Roberto. 8 dicas para se tornar uma pessoa mais otimista. 21 set. 2022. Disponível em: https://www.ibccoaching.com.br/portal/comportamento/8-dicas-para-se-tornar-uma-pessoa-mais-otimista. Acesso em: 08 jan. 2024.

PSICÓLOGOS BERRINI. Como se tornar uma pessoa otimista. 26 abr. 2021. Disponível em: https://www.psicologosberrini.com.br/blog/como-se-tornar-uma-pessoa-otimista. Acesso em: 08 jan. 2024.

SEBRAE. Empretec. Disponível em: https://sebrae.com.br/sites/PortalSebrae/empretec. Acesso em: 17 jan. 2024.

Este livro utiliza as fontes Paralucent nos títulos e FranklinGothic URW C no texto. Ele foi impresso em abril de 2024, em São Paulo.